upTOWNHOUSES

jovis

Dirk Meyhöfer

upTOWNHOUSES

Die Stadt für das 21. Jahrhundert bauen: **Das Stadthaus** und die Hamburger Stadtentwicklung

Herausgegeben von Ole Klünder und Simon Vollmer

jovis

INHALT

Grußwort der Senatorin
Dr. Dorothee Stapelfeldt — 6

I. RENAISSANCE EINER URBANEN IDEE:
DAS STADTHAUS — 8

METAMORPHOSE KONVERSION **TRANSFORMATION** — 10
Dirk Meyhöfer

IN MEMORIAM: DOROTHEA **BERNSTEIN** — 16

RÜCKBLICKE AUSBLICKE — 19
Carmen Korn

VIEL MEHR ALS EIN REIHENHAUS — 28
Dirk Meyhöfer

DICHTZUSAMMEN — 42
Jörn Walter

II. DIE ARCHITEKTEN — 48

TIM PHILIPP **BRENDEL**
ARCHITEKTUR IST LEIDENSCHAFT
UND IN LEIDENSCHAFT STECKT LEIDEN! — 50

JENS **HEITMANN** | CARLOS **MONTÚFAR**
STADTHAUS ODER
EIGENTUMSWOHNUNG? — 60

TOBIAS **KRAUS** | TIMM **SCHÖNBERG**
MÄANDERNDER **WOHNRAUM** — 70

DAVID **LAGEMANN** | TIM **KETTLER**
SCHICHTUNG UND **BALANCE** — 80

INGRID **SPENGLER** | MANFRED **WIESCHOLEK**
WOHNEN IN DER **STADT**   90

FRANK **FOCKE**
ZWISCHEN SCHUMACHER UND BLEICHERHÄUSERN
– VON WINTERHUDE IN DIE FINKENAU   100

JOCHEN **MEYER**
GUTE FREIRAUMGESTALTUNG STEIGERT
DIE STÄDTISCHE LEBENSQUALITÄT   110

JULIAN **HAMPERL**
AUS 26 HÄUSERN WIRD
EINE STRASSENZEILE   120

III. MAKING OF **upTOWN**HOUSES   124

SCHNITTE, ANSICHTEN UND GRUNDRISSE   140

GESPRÄCH MIT DEN AKTEUREN   158

upTOWNHOUSES
ARCHITEKTURKRITIK   166
Jörg Seifert

IN DIE ZUKUNFT GESCHAUT   170
Walter Fritz

LITERATUR   174
BILDNACHWEIS   174
IMPRESSUM   175

GRUSSWORT

Liebe Leserinnen und Leser,

wer nicht selbst das Glück hat, in einem der beliebten Hamburger Stadthäuser zu wohnen, dem empfehle ich einen ausgedehnten Spaziergang um die Alster, um ein Gefühl für diese urbane Wohnform zu bekommen. In Harvestehude oder Winterhude finden sich noch viele Stadthäuser aus der Gründerzeit. Folgt man dem Eilbekkanal bis ins Quartier Finkenau, kann man dort die modernen Stadthäuser auf der Nordseite mit den historischen Vorbildern an der Südseite des Kanals vergleichen.

Typisch für diese neuen Hamburger Stadthäuser ist, dass sie genau wie ihre historischen Vorbilder oder die *townhouses* in England auf sehr begrenzten Grundstücken entstanden sind und das Wohnen und Arbeiten mitten in der Stadt ermöglichen.

Mit Stadthäusern lassen sich Baulücken schließen und Restgrundstücke bebauen. Sie bereichern durch ihre individuelle Bauweise und ihre architektonische Qualität das Stadtbild und tragen zu urbanen und gemischten Quartieren bei – schließlich lassen sich auch Stadthäuser nach den Bedingungen des sozialen Wohnungsbaus errichten. Das neue Wohnquartier an der Finkenau ist auf einer Konversionsfläche entstanden: auf dem Gelände eines ehemaligen Alten- und Pflegeheims direkt neben der früheren Frauenklinik. So sind die modernen Stadthäuser ein gutes Beispiel dafür, wie in Hamburg vor allem in der inneren Stadt knapper werdender Raum sinnvoll genutzt wird und somit „mehr Stadt in der Stadt" entstehen kann.

Beim Entdecken der upTownhouses auf den kommenden Seiten wünsche ich Ihnen viel Freude!

Dr. Dorothee Stapelfeldt
Senatorin für Stadtentwicklung und Wohnen

I.

RENAISSANCE
EINER URBANEN IDEE:
DAS STADTHAUS

Dieses Buch handelt vom Wohnen in der Metropole im frühen 21. Jahrhundert. Ein großes Thema, denn wir wissen nicht so richtig, wie wir heutzutage wohnen und leben wollen. Rem Koolhaas, die Lichtgestalt der Urbanisten des späten 20. Jahrhunderts, hat zwei Dinge dazu gesagt:
Erstens: Wir bekommen immer die Städte, die wir verdienen.
Zweitens: Der Planungsprozess läuft inzwischen auf Autopilot. Das IT-Zeitalter erzählt sich selbst.

Aber noch ist es nicht (überall) so weit. Noch entwerfen Menschen für Menschen. Denn wir wollen nicht nur perfekte Techniksysteme und bezahlbare Wohnungen. Wir wollen ein Zuhause und eine Heimat. Darum geht es im ersten Kapitel dieses Buchs.
Die derzeitige Lage in Hamburg und der Welt beleuchten der langjährige Hamburger Oberbaudirektor Prof. Jörn Walter und der Herausgeber des Hamburger Architekturjahrbuchs und Hochschullehrer Dirk Meyhöfer in ihren einleitenden Beiträgen. Ihre Kernfrage lautet: Wie lässt sich die zentrale Aufgabe heutiger europäischer Städte bewältigen, immer mehr Menschen aufzunehmen, ohne dabei die Würde, die Geschichte und die Maßstäbe der guten alten europäischen Stadt aufgeben zu müssen? Dirk Meyhöfer seziert Glanz und Elend des Wohnens in der modernen Stadt seit dem späten 19. Jahrhundert und erläutert dabei die besondere Rolle des Haustypus, den wir Stadthaus nennen. Jörn Walter ordnet die Stadthausidee in die moderne Hamburger Stadtentwicklung ein und weist nach, wie die upTownhouses der Finkenau in der Nachverdichtung Hamburgs zwischen Eigenheim- und Geschosswohnungsbau zu einem wertvollen Case-Study-Projekt des 21. Jahrhunderts werden.
Zusätzlich präsentiert eine Collage aus Fotos, Zeichnungen, Texten und Zitaten das Quartier der ehemaligen Frauenklinik Finkenau und dessen Veränderungen in den letzten 100 Jahren.

METAMORPHOSE
KONVERSION
TRANSFORMATION

Nur wer die Geschichte eines Ortes versteht, kann dessen *genius loci* erkennen, also den „Geist", seine Stellung im Raum von Zeit und Entwicklung, die seine besondere Atmosphäre prägt. Das Finkenau-Areal ist Teil der inneren Hamburger Stadtlandschaft. Aber das war nicht immer so. Auch wenn das an die Altstadt angrenzendn St. Georg schon 1200 erstmals erwähnt wurde, haben seine Bewohner erst 1830 das Hamburger Bürgerrecht erhalten. Die erste urkundliche Erwähnung verzeichnete das Gelände als *Papenhude* im Jahr 1256. Bis weit ins 19. Jahrhundert war die Uhlenhorst, zu der die Finkenau zählt, eine sumpfige Wiesenlandschaft, die vor einer Urbanisierung aufgeschüttet werden musste.

Erst im Jahr 1894 wurde das Gebiet offiziell zu einem Stadtteil von Hamburg. Damals gestalteten die Uhlenhorster den Mündungsteil der Eilbek zur Außenalster zu einem großartigen „Wasserpark" um. Der Kuhmühlenteich und die evangelische Kirche St. Gertrud des bekannten holsteinischen Kirchenbauers Johannes Otzen, eine stolze Wandpfeilerkirche auf Kreuzgrundriss, wurden ab 1885 zu Quartierswahrzeichen – ein schöner Blick auf die Kirche bietet sich bei der Anreise mit der Hochbahn (U3) aus dem Stadtzentrum.

In einer weiteren Gründungswelle zur hohen Zeit des Kaiserrreichs vor dem Ersten Weltkrieg entstehen neue Straßen, Promenaden, Wohnhäuser und in unserem Untersuchungsgebiet Einrichtungen der Bildung, Wissenschaft, Kunst und Heilsvorsorge – der erste entscheidende Entwicklungsschub zur „Großstadtwerdung", wie es Fritz Schumacher und seine Zeitgenossen empfinden.

WO KONVERSION ZUM STÄDTEBAULICHEN
MOTOR WIRD

Was ist eigentlich Großstadt? Ein Prozess. Immer schon. Eine Entwicklung in Schüben, mit Verwerfungen und Veränderungen, ja Umkehrungen. Das Problem in unserer Wahrnehmung heute: Gefühlt scheint dieser Prozess rasend schnell, nahezu exponenziell abzulaufen. Die Stadtentwicklung hat sich einen Raketenantrieb zugelegt. 1000 Jahre bewegte sich Hamburg mit Fußgängergeschwindigkeit und vielen Ruhephasen. Dann nahm die Stadt immer mehr Fahrt auf. Rasante Veränderungen vor

RENAISSANCE EINER URBANEN IDEE: **DAS STADTHAUS**

Rechts: Die Finkenau im frühen 20. Jahrhundert. Die Veränderungen an der Oberaltenallee/Hamburger Straße sind weltkriegsbedingt gewaltig. Mitte: Karstadt-Warenhaus aus den 1930er Jahren. Unten: Neubau Einkaufszentrum Hamburger Straße in den 1960er und 1970er Jahren (die heutigen upTownhouses liegen rechts außerhalb des Bildes).

100 oder 150 Jahren waren Konsequenzen aus soziokulturellen, ökonomischen und militärischen Entwicklungen. Die mittelalterliche, heute oft verklärte Hansestadt hatte sich im Wesentlichen nur ihres militärischen Zwangskorsetts entledigt, das der Niederländer Valkenburg noch kurz vor dem Dreißigjährigen Krieg errichtet hatte. Mögen die Häuser modernisiert worden sein, Charakter und Körnung blieben erhalten. Doch eine umwälzende (Nach-)Verdichtung im sogenannten Wallgebiet gefährdete die alten Strukturen und die Gesundheit der Anrainer. Anfang des 19. Jahrhunderts fristeten 100.000 Menschen mehr recht als schlecht ihre Existenz dort, wo heute 12.000 wohnen.

Die Häuser waren aus Stein und Holz gebaut, in der kollektiven Erinnerung wohlhabend und schön. Das Fachwerk wurde ihnen jedoch zum Verhängnis: Der große Brand von 1842 verheerte die Stadt gründlich. Das, was nicht durch das Feuer zerstört worden war, wurde von der Cholera entvölkert.

Aber die teils katastrophischen Umbrüche ermöglichten auch ein Neu- und Umdenken. Dampfmaschine und -lokomotive waren zwischenzeitlich erfunden worden, Eisen und Eisenbeton dazu. Mit der City, der Speicherstadt, dem Kontorhausviertel und den modernen Hafenbecken nördlich der Norderelbe erlebte die Hansestadt in der Gründerzeit des Deutschen Reichs nach 1871 eine nachhaltige Transformation ins industrielle Zeitalter. Am Nordufer der Norderelbe entstanden im Marschland auf den untergegangenen Resten amphibischer Wohnviertel die ersten Becken der modernen Hamburger Industriehäfen.

Inzwischen sind erneut starke Veränderungen zu notieren, die wir Konversion (radikal) oder Metamorphose (schleichend) nennen dürfen. Der neue Stadtteil der HafenCity rund um die Elbphilharmonie ist dabei möglicherweise die signifikanteste Veränderung der Stadtlandschaft Hamburgs im 21. Jahrhundert.

Aber es gibt viel mehr. In diesem Band geht es um ein anderes Terrain, aufgesiedelt als Vorstadt im späten 19. und frühen 20. Jahrhundert. Das Gelände der ehemaligen Frauenklinik Finkenau ist knapp 100 Jahre nach ihrer Gründung schon wieder neu belegt und angelegt worden.[1] Trotz Alsternähe hat es hier keine maritimen Ambitionen gegeben, die Finkenau diente der Heilfürsorge und ging als die wichtigste Hamburger Einrichtung zur Geburtshilfe und Geburtenpflege in die Geschichte der Stadt ein.

Vielleicht ist es nur Zufall, dass viele Konversionsareale mit „K" beginnen: Krankenhäuser eben, aber auch Kirchenflächen und Kasernen. Nicht zufällig, sondern eher pragmatisch ist die Tatsache begründet, dass in Hamburg Gebäude dieser Zweckbestimmungen im 19. Jahrhundert aus Backstein gebaut wurden. Die Bürgerstadt der Erweiterung im 19. Jahrhundert war blütenweiß, wie zum Beispiel die Stadthäuser in Harvestehude zeigen. Erst der große Hamburger Oberbaudirektor Fritz Schumacher hat den kleinen rotblauen Stein, den er bewunderte, für wertigere Staatsbauten verwendet, wie dann später auch für Kontor- und schließlich Wohnhäuser.

ORT DER EMANZIPATION UND EVOLUTION

Die Finkenau ist nach ihrer erneuten Transformation ein interessantes, liebenswürdiges Stück Großstadt geblieben. Wer hier zuziehen will, kann die vielen kleinen Geheimnisse rund um den Dorothea-Bernstein-Weg nur erahnen. Ein Besuch vor Beginn der Bauarbeiten zu den upTownhouses lieferte ein fragmentiertes Bild. Der Blick nach Nordwesten trifft auf die eisernen Viadukte des historischen Hochbahnrings. Auch wenn dahinter die kühne Kulisse des Einkaufszentrums aus den 1970er Jahren grüßt, haben einige alte Hamburger sofort das Bild vor Augen, das in Hammerbrook und hier in Barmbek kriegsbedingt gelöscht wurde. Heute ist es nur noch in der Eppendorfer Isestraße erlebbar, wo die Hochbahn nach wie vor durch ein Gründerzeitviertel rattert. Ein zarter Hinweis darauf, wie man sich mit ein wenig Phantasie die Finkenau der Zukunft vorstellen kann: großstädtisch, aber grün, individuell, aber nicht einsam wohnen! Erste Bauabschnitte sind bereits mit Leben erfüllt, alte Grünzüge und Wasserläufe gepflegt und saniert worden. Am südlichen Ende des Wegs, der den Namen der jüdischen Lehrerin Dorothea Bernstein trägt, die von 1927 bis 1933 an der benachbarten Oberrealschule für Mädchen am Lerchenfeld lehrte, liegen auf dem Grundstück Finkenau 35 die Gebäude der ehemaligen Frauenklinik Finkenau. Die Hauptgebäude wurden 1911 bis 1914 als Institut für Geburtshilfe nach Plänen von Fritz Schumacher erbaut. Das Institut war Klinik und Lehranstalt für Schwestern- und Hebammenschülerinnen. Man darf es so nennen: Das Terrain ist eine Erinnerung an starke Frauen des frühen 20. Jahrhunderts, die nicht mehr am Herd standen, sondern sich im Aufbruch einer neuen Zeit in den 1920er Jahren helfende und pädagogische Berufe suchten.

Die begabte Doktorin Dorothea Bernstein verlor als Jüdin 1933 ihren Berufsbeamtenstatus. Am 1. Juni 1939 wurde sie an der letzten jüdischen Schule Hamburgs eingestellt, die aus der Zusammenlegung der Mädchenschule der Deutsch-Israelitischen Gemeinde mit der Talmud-Tora-Oberrealschule für Jungen hervorgegangen war. Als dort der Unterricht eingestellt wurde, deportierten sie die Behörden am 25. Oktober 1941 nach Lodz in Polen. Von dort hat man Dorothea Bernstein im Juni 1942 vermutlich ins Konzentrationslager Theresienstadt gebracht und schließlich ermordet.

LABORFELD FINKENAU

Diese Phase der Hamburger Geschichte scheint mit den Feuerstürmen 1943 und endgültig mit dem Zusammenbruch 1945 untergegangen zu sein. Doch Spuren blieben und bleiben immer noch ablesbar. Neugebautes überdeckte das alte Barmbek-Uhlenhorst, insbesondere im Bereich von Barmbek-Süd. Die Neubauten der Mundsburg veränderten radikal den Charakter des Orts, dort hatte mit Karstadt einst ein weltstädtisches Warenhaus gestanden. Der benachbarte Landschaftsraum mit dem idyllischen Kuhmühlenteich-Grünzug samt der Kirche St. Gertrud oder der Hochschule für bildende Künste (HFBK) lässt den Charakter der grünen Metropole Hamburg weiterbestehen und den kulturellen Geist des frühen 20. Jahrhunderts herüberwehen: Hamburg wie man es mag!

Als aus betriebswirtschaftlichen Gründen Ende des 20. Jahrhunderts auch in Hamburg immer mehr Krankenhäuser zu Großkliniken verbunden oder Standorte aufgegeben wurden, standen die Flächen der Finkenau für neue Aufgaben zur Verfügung. Der Stadtentwicklungsplaner nennt das Konversion: Darunter versteht er ein Hinübergleiten von einem Zustand von bauwerklicher Ausformung und entsprechender Nutzung zum nächsten. Würde sich die Veränderung aus sich selbst entwickeln, was im Städtebau äußerst selten vorkommt, weil die Planung ja doch meist eingreift, könnte man es Metamorphose nennen. So aber reden wir von einem aktiven Konversions- oder Transformationsprozess – für eine neue metropolitane Lebenswelt des 21. Jahrhunderts.

Die Konversionsfläche der Finkenau ist ein wahres Geschenk für die wachsende Metropole Hamburg. „Ein Schwerpunkt der Hamburger Stadtentwicklung ist es, den Wohnungsbau in den kommenden Jahren in Hamburg deutlich zu steigern", sagt nicht nur Hamburgs früherer Oberbaudirektor Jörn Walter.[2] Besonders interessant sind im sogenannten Nachverdichtungsprozess zentral gelegene Flächen, die sich für gemischte, vielseitige und anpassungsfähige Quartiere eignen. Betrachtet man das ehemalige Finkenau-Gelände mit seinen Wasserflächen, Parks, den neu entstandenen Bildungseinrichtungen und dem Nutzungsmix der anschließenden Flächen (Gewerbe, Sport, Einzelhandel, Hochbahn), sehr gut gelegen, mit attraktiver Nähe zur Innenstadt und gleichzeitig zum Grün, ist man versucht, Kurt Tucholskys Wort von der Ehe aus Friedrichstraße und Ostsee auf einem Grundstück doch noch für realisierbar zu halten.

ANMERKUNGEN

1   Vgl. Prof. Jörn Walter, Aufsatz: „Dicht zusammen"; in diesem Band ab S. 42 ff.
2   Vgl. Prof. Jörn Walter, Aufsatz: „Dicht zusammen"; in diesem Band ab S. 42 ff.

Der Anflug zeigt sehr schön die wunderbare Einbettung des Standorts Finkenau in die grüne Wasserlandschaft der Außenalster und des Kuhmühlengrünzugs. Mitte rechts im Bild EKZ Hamburger Meile; Mitte unten (links neben der Hochbahnstrecke): upTownhouses, 2017

RENAISSANCE EINER URBANEN IDEE: **DAS STADTHAUS**

IN MEMORIAM: DOROTHEA **BERNSTEIN**

Anlässlich der Einweihung des Stolpersteins am 14. November 2005 hielt die damalige Schülerin Maris Hubschmid folgende Rede:

„Die Geschichte unserer Schule während der schrecklichen Jahre von 1933 bis 1945 ist lange im Dunkeln geblieben. Kaum einem lag daran, in den Nachkriegsjahren und bis in die Sechziger- und Siebzigerjahre hinein das Licht auf die dunklen Flecken deutscher Vergangenheit zu richten. Flecken, die da heißen: Wegschauen, Schweigen, die Gefahr nicht erkennen wollen, Verdrängen. Den Schülern unserer Generation hat man in der Schulchronik große Lücken hinterlassen. Die Zeit von 1933 bis 1945 wird darin nur äußerst spärlich behandelt. Einige Anekdoten, einige Daten, viel über Kinderlandverschickung und einiges über die Bombardierung 1943 – mehr nicht. Nichts, was darin hinweist auf die Veränderungen des Schulalltags am Lerchenfeld während dieser Zeit, kein Vermerk über Schicksale einzelner Schülerinnen, nur ungenaue Angaben über das Aus-dem-Dienst-Scheiden einiger Lehrer und Lehrerinnen. Vor zwei Jahren haben einige von uns es sich gemeinsam mit unserem Schulleiter Herrn Hoge zur Aufgabe gemacht, diese Lücken zu füllen. Wir wollten mehr wissen über die Geschichte des Gymnasiums Lerchenfeld, mehr wissen über eine Generation, die einmal im selben Alter und am selben Ort eine so andere Schulzeit erlebt hat, als wir es heute tun. Also haben wir uns auf die Suche begeben. Informationen gesucht, Zeitzeugen gesucht, Antworten gesucht. Der Stolperstein, den wir heute einweihen, ist Symbol für ein Ergebnis unserer Suche. Er soll erinnern an Frau Dr. Dorothea Bernstein, die von 1927 bis 1933 Lehrerin unserer Schule war, und die 1942 im Konzentrationslager (...) ermordet wurde, weil sie Jüdin war. Er soll aufmerksam machen darauf, dass unsere Schule Vergangenheit hat, dass wir alle eine Vergangenheit haben. Er soll mit seinen 10 × 10 cm eine erste Lücke füllen."

(Quelle: Stolpersteine-Hamburg.de)

Stolperstein für Dorothea Bernstein vor dem Gymnasium Lerchenfeld. Ein weiterer Stolperstein für Dorothea Bernstein liegt im Hauersweg 16, vor ihrer letzten selbstgewählten Wohnung.

DR. DOROTHEA HENRIETTE BERNSTEIN
* 10. AUGUST 1893 IN TILSIT

Tochter von Sophie und Aaron Bernstein. 1914 machte sie in Danzig ihr Abitur und studierte Deutsch, Französisch und Philosophie in Königsberg, sie legte im Dezember 1922 die Prüfung für das höhere Lehramt ab.

Promotion zum Doktor der Philosophie; 1923–1924 Vorbereitungsdienst am Oberlyzeum in Altona; Oktober 1926–1927 an der Helene-Lange-Schule in Hamburg; Vertretung an der Mädchen-Oberrealschule am Lerchenfeld in Hamburg-Uhlenhorst im März 1927.

Zweieinhalb Jahre später wurde sie zur außerplanmäßigen Beamtin ernannt und in den Staatsdienst übernommen. Dorothea Bernstein unterrichtete Französisch und Deutsch. Zeitzeugen beschreiben sie als sozial engagiert, streng, aber ausgezeichnet.

Am 25. September 1933 wurde Dorothea Bernstein als Jüdin auf Grund von § 3 des „Reichsgesetzes zur Wiederherstellung des Berufsbeamtentums" vom 7. April 1933 ohne jedes Gehalt in den Zwangsruhestand versetzt.

Am 1. Juni 1939 wurde Dorothea Bernstein an der letzten jüdischen Schule Hamburgs eingestellt, die aus der Zusammenlegung der Mädchenschule der Deutsch-Israelitischen Gemeinde mit der Talmud-Tora-Oberrealschule für Jungen hervorgegangen war und sich „Volks- und Höhere Schule für Juden" nennen musste. Viele der letzten jüdischen Lehrer wurden aus Gründen der Zahlungsunfähigkeit entlassen. Dr. Dorothea Bernstein bekam im Juni 1941 das Kündigungsschreiben und schied am 16. Juli 1941 endgültig aus dem Schuldienst aus.

Am Morgen des 25. Oktober 1941 mussten sich 1033 Hamburger Juden, unter ihnen Dorothea Bernstein, auf der Moorweide versammeln. Vom Bahnhof Dammtor fuhr einer der ersten Deportationszüge aus Hamburg. Ziel: das Ghetto von Lodz. Von dort hat man Dorothea Bernstein im Juni 1942 vermutlich ins Konzentrationslager Theresienstadt gebracht. Ob sie letztendlich in Chelmno oder bereits in Theresienstadt starb, ist ungewiss.

Wir möchten ihr dieses Buch widmen, um deutlich zu machen: Wir vergessen euch nie!

1871 Beitritt Hamburgs zum Deutschen Reich

1888 Beitritt zum Deutschen Zollverein: Hamburg wird als „Tor zur Welt" zum wichtigsten deutschen Handelshafen.

1892 Cholera-Epidemie in Hamburg, circa 9000 Menschen sterben.

1912 Hamburg wird nach London und New York drittgrößter Hafen der Welt (nach Güterumschlag).

1911–1914 Bau des Instituts für Geburtshilfe Finkenau. Architekt des Bauwerks: Fritz Schumacher

1914–1918 Erster Weltkrieg

7. Januar 1921 Hamburg erhält seine parlamentarisch-demokratische Verfassung, Senat und Bürgerschaftswahlen am 16. März 1919.

1926/27 bauliche Erweiterung des Instituts für Geburtshilfe unter anderem durch einen Hörsaal

1933 Auflösung der Bürgerschaft, Hamburg untersteht einem nationalsozialistischen „Reichsstatthalter".

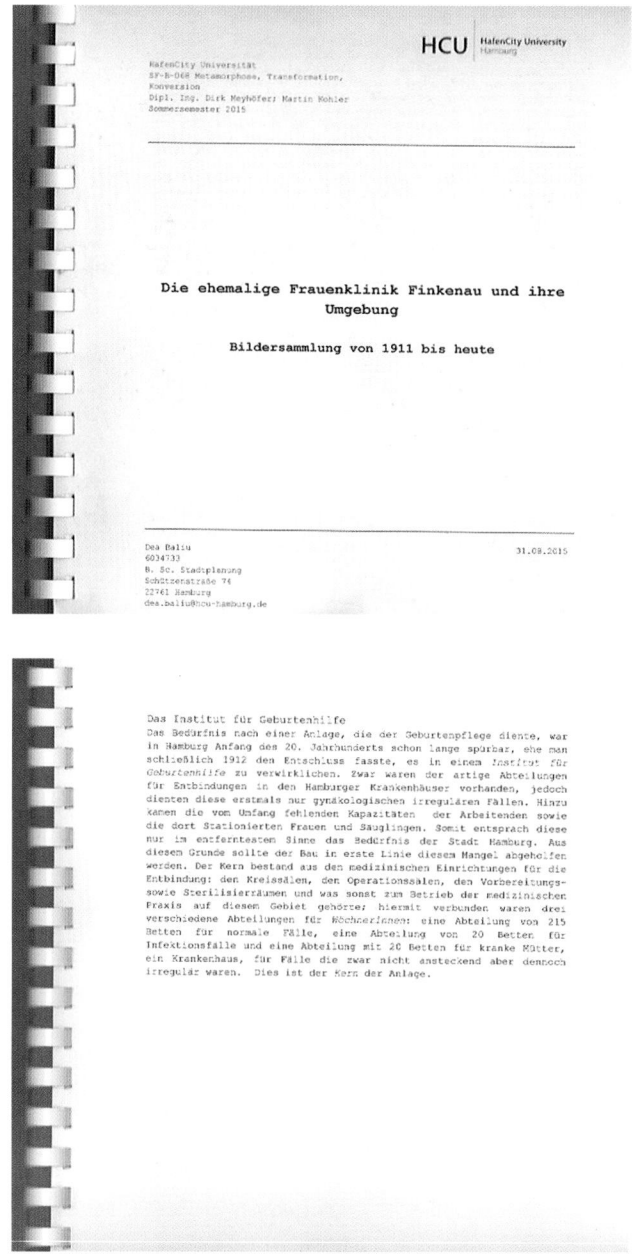

Arbeiten aus dem Seminar „Metamorphose, Transformation, Konversion" an der HafenCity Universität (HCU), Hamburg[3]

3   Im Umfeld des Buchprojekts wurde an der HafenCity Universität Hamburg im Sommersemester 2015 unter Leitung von Martin Kohler und Dirk Meyhöfer ein fächerübergreifendes Seminar zum Thema Metamorphose und Stadt durchgeführt. Dort wurden fotografisch und literarisch Veränderungsprozesse der Stadt dokumentiert und analysiert, unter anderem: Alexandra Schürmann: Veränderung eines Hauses an der Hafenstraße, poetisch und grammatikalisch in den Zeiten exakt konjugiert. Dea Baliu hat Bilder zur Finkenau aus bald 100 Jahren zusammengestellt.

RÜCKBLICKE
AUSBLICKE

FRÜHLING 1928[4]

Henny[5] stand an einem der hohen Fenster im ersten Stock und blickte auf die Finkenau hinaus. Der Frühling ließ sich Zeit in diesem Jahr, die Bäume am Eilbeckkanal grünten noch verhalten und nur die Krokusse unten im Beet vor der Klinik blühten seit den ersten Apriltagen. Die Backsteine des Hammoniabads vorn am Lerchenfeld leuchteten warm in der späten Sonne des Nachmittags, ein weiches Licht, das auch auf den Turm der Kirche von St. Gertrud fiel und auf den stolzen Bau des Bahnhofes Mundsburg. Das Hammoniabad wurde gerade fertiggestellt und bot neben medizinischen Anwendungen auch Wannen- und Brausebäder. Die meisten Barmbecker Wohnungen hatten noch kein eigenes Bad, nur die Uhlenhorster jenseits des Winterhuder Weges waren besser ausgestattet […]

Junge Stadtteile waren es, alle erst in der zweiten Hälfte des neunzehnten Jahrhunderts erschlossen. Uhlenhorst. Barmbeck. Hohenfelde. Sie boten viele Farben, bunte Glasstücke eines Kaleidoskops.

„Babyfabrik" wurde die Frauenklinik Finkenau im Volk genannt, seit sie 1914 eröffnet worden war.

Morgen hatte sie frei, nachmittags war sie bei Lina eingeladen, um mit ihr und einer von Linas Kolleginnen Kaffee zu trinken und einen kleinen Klönschnack zu halten.
Hoffentlich blamierte sie sich nicht bei dieser gebildeten Dame. Fräulein Bernstein hatte einen Doktortitel und unterrichtete Französisch und Deutsch. Sie denke sehr sozial, hatte Lina gesagt. Einer Schülerin bringe sie jeden Tag ein Frühstück mit, weil die zu Hause vernachlässigt würde. Sie sei allem aufgeschlossen, die Arbeit in der Frauenklinik betrachte Dorothea Bernstein mit großer Anerkennung und keineswegs nur die Arbeit der Ärzte und Professoren. Einige ihrer Absolventinnen strebten eine Ausbildung am Institut für Geburtshilfe der Finkenau an.

Am Schwanenwik schon sah sie die Alster glitzern, sah die weißen Segelboote, die Spaziergänger in ihren leichten Kleidern, das helle Grün der Bäume. Alles sah wohlhabend aus. Wahrscheinlich war das einer der schönsten Orte in dieser Stadt, und sie war ihm ganz nah.

1937 Groß-Hamburg entsteht: Altona, Blankenese, Harburg, Wilhelmsburg, Wandsbek und 28 Landsgemeinden werden ein-, Cuxhaven und Geesthacht ausgegliedert. Das Groß-Hamburg-Gesetz tritt in Kraft. Die darin festgesetzten Grenzen gelten bis heute.

9.–10. November 1938 Pogrom: Etwa 900 Juden werden von der Gestapo inhaftiert, zahlreiche jüdische Einrichtungen zerstört. Die Hauptsynagoge am Bornplatz im Grindelviertel wird geschändet.

1943 Operation „Gomorrha": Bombenangriff und Feuersturm, Hamburg wird zu großen Teilen zerstört.

1945 Ende des Zweiten Weltkriegs; Hamburg wird britische Besatzungszone.

1949 Die Freie und Hansestadt Hamburg wird Stadtstaat der förderativen Bundesrepublik Deutschland.

16.–17. Februar 1962 Eine Sturmflut in Höhe von 5,7 Metern über NN erreicht Hamburg, 315 Menschen sterben.

1978 Die Hamburg-Bau revitalisiert den Typus Stadthaus in Hamburg-Poppenbüttel.

1994 Hamburg wird Bischofssitz des neuen Nordbistums.

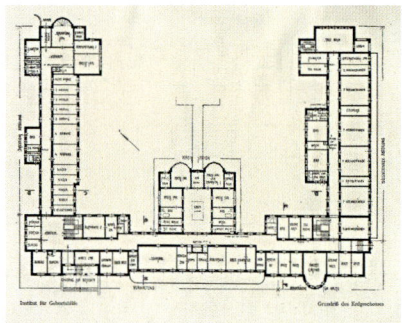
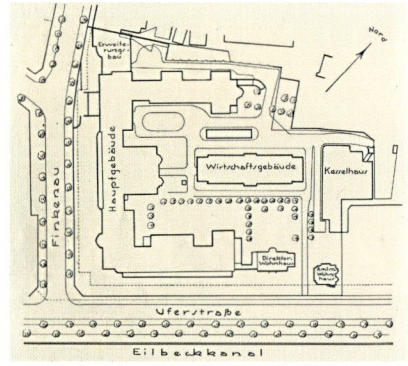

Ob symbolisch oder nicht: Am Anfang der baulichen Entwicklung steht in der Frauenklinik das U! Es ergibt sich aus der Logik des symmetrischen Grundrisses mit zentriertem Eingang und zwei Flügelbauten.

Wie alle Hamburger Staatsbauten, die Fritz Schumacher in seiner frühen Phase (vor seinem Intermezzo in Köln) entworfen hat, wird auch die Finkenau durch drei Dinge geprägt: Satteldächer, strenge Grundordnung und Ziegel.

HERBST 1938

Nach den Sommerferien hatte Marike einen Tanzkursus bei Bartels im Ufahaus an der Mundsburg begonnen. Ein schönes Mädchen war sie geworden, einen Kopf größer schon als Henny. Und klug dazu. Wie es aussah, würde sie in zwei Jahren ihr Abitur im Lerchenfeld schaffen, der Höheren Schule für Mädchen, an der ihre Tante Lina lehrte. Dorothea Bernstein, mit der Henny damals einen so netten Nachmittag verbringen durfte, hatte das Kollegium 1933 verlassen müssen, weil sie Jüdin war. Lina stand noch in Verbindung mit ihr.

Ein südlicher Tag, der ihnen geschenkt wurde, ehe die Nebel den Herbst verhüllten. Henny hatte die frühe Schicht in der Finkenau gehabt, der Nachmittag lag vor ihr und die Aussicht auf einen ihrer Spaziergänge mit Ida unter tiefblauem Himmel. Vom Hofweg aus waren sie zum Anleger Schwanenwik gegangen, in die Armgartstraße eingebogen und dann am Kuhmühlenteich entlang. Auf der gegenüberliegenden Seite die Kirche St. Gertrud, die bei ihrer Fertigstellung 1885 noch frei im Gelände gestanden hatte. Wie hatte sich das Viertel seitdem verändert. Großstädtisch und dicht bebaut waren die ehemals ländlichen Vororte.

Sie gingen gingen zum Lerchenfeld vor und überquerten die Straße. Bunte Bäume am Eilbecker Kanal. Henny blickte zum Haus ihrer Schwägerin. Die Fenster der Dachwohnung standen weit auf. An der Finkenau gingen sie vorbei und hoch bis zur Richardstraße. Ida bückte sich und hob das leuchtende Blatt einer Ulme auf. „Es ist so schön hier", sagte sie. Henny nickte. Ja. Das war es: „Bleiben wir in der Natur oder gehen wir zu Karstadt rüber? Bei dem Wetter haben die den Dachgarten bestimmt geöffnet", sagte Ida. Torte mit Tanzkapelle. Das wäre es doch. Das Leben genießen, so lange es gut war. „Zu Karstadt", sagte Henny. Sie lachten. Doch sie wirkte nicht fröhlich dabei. [...]
„Im Alsterfleet schwimmen die Schaufensterpuppen von Robinsohn", sagte Lina. „Alles ist kaputt."
„Heute wollen wir Geburtstag feiern", sagte Ernst und klang streng: „Bitte setz' dich", sagte Henny und sah ihre Schwägerin beinah flehend an. „Klaus soll noch die Kerze auspusten."
„In der Stadt ist kaum eine Scheibe heil." Die Schaufenster von Textil Simon, nicht weit von Schrader, waren eingeschmissen, die Auslagen leer geräumt. Unter Hennys Schuhen knirschten die Scherben. „Reichskristallnacht" hatte sie am Morgen in der Finkenau sagen hören. Keine Käthe. Die Tür war verschlossen. Hörte denn keiner ihr Klopfen? Viel zu langsam ging sie zurück nach Hause. Alles zog schwer an ihr. Ja. Sie waren dem Krieg ein großes Stück näher gekommen.

1998 Erster Masterplan für die HafenCity

2000 Schließung der Frauenklinik Finkenau für ursprünglich 215 Wöchnerinnen und 180 Säuglinge. Mit dem Ausbau des Zentrums für Schwangerschaft, Geburt und Frauenheilkunde am Allgemeinen Krankenhaus Barmbek wird die Frauenklinik zur Asklepios Klinik Barmbek verlegt.

2007–2013 Internationale Bauausstellung Hamburg in Wilhelmsburg

Ab 2003 Beginn der Planung für die Neubewertung des Finkenau-Areals; unter anderem für einen Kunst- und Mediencampus.

2010 Erster Entwurf für das neue Hamburger Innenstadtkonzept

2015 Die Hamburger Bevölkerung lehnt eine Olympiabewerbung für 2024 ab.

2017 Eröffnung Elbphilharmonie. Fertigstellung upTownhouses

Links: Neuanfang nach der radikalen Kriegszerstörung: preisgünstig und robust – ein Wohnungsbau, der noch heute benötigt wird. Mehrfamilienhäuser Finkenau, Architekt: Otto Reich. Rechts: Einkaufszentrum „Hamburger Meile" nach der letzten Sanierung

Quartiersspaziergang: Die Finkenau im und nach dem Umbruch; weiterhin geprägt durch Grün, Wasser, die Hochbahn oder historische Stadthäuser. Im Hintergrund grüßt die Großstadt mit den Hochhäusern der Mundsburg und dem EKZ Hamburger Meile.

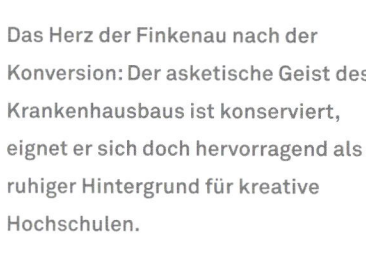

Das Herz der Finkenau nach der Konversion: Der asketische Geist des Krankenhausbaus ist konserviert, eignet er sich doch hervorragend als ruhiger Hintergrund für kreative Hochschulen.

RENAISSANCE EINER URBANEN IDEE: **DAS STADTHAUS**

FRÜHLING 1948

Die helle Sonne auf ihren Lidern verdrängte die Bilder des Traumes, Henny atmete tief durch, bevor sie die Augen öffnete. Die Erinnerungen an die Julitage des Jahres 1943 würden sie ihr Leben lang nicht loslassen. Jeden Tag und jede Nacht kehrten sie zurück.

Dabei schien dieser Sommer der erste schöne zu werden seit den Schrecken des Krieges. Als sei alles wieder koloriert worden. Lag es daran, dass das neue Geld da war? Der Tag der Währungsreform war ein verregneter Sonntag gewesen, doch Marike und sie hatten als erstes Eis gekauft, Vanille, Erdbeer, und mit einem Schein im Wert von fünfzig Pfennig bezahlt. Noch fehlte es an Metall für die Münzen.

Eine Unterkunft hatten sie auch gefunden, nachdem am Mundsburger Damm nahezu alle Häuser zerstört worden waren. Erst bei Lina in der Dachwohnung und nach dem Krieg dann in zwei großen Zimmern im Erdgeschoss bei Linas alter Hausbesitzerin, die froh war, keine Fremden einquartiert zu bekommen. Die jungen Leute lebten noch bei Thies' Eltern in der Armgartstraße.

All das hob die Laune ihres Mannes nicht. Ernst war kein strammer Nazi gewesen, dennoch schien ihm eine Welt untergegangen zu sein, nicht nur die, die so ganz offensichtlich in Trümmern lag. Als sie in das vordere Zimmer kam, stand er am offenen Fenster und machte eine weite Geste zu den Nissenhütten an der Uferstraße, als könne er Schuld zuweisen für Zerstörung und Obdachlosigkeit. Dabei milderte das Grün der Bäume längs des Kanals den Anblick. Der Eilbeker Kanal, der vor zwei Jahren sein c verloren hatte, genau wie der Stadtteil Barmbeck zu Barmbek geworden war. Als hülfen die kleinsten Neuerungen.

Großes Glück hatten sie gehabt in jenen Tagen. Henny hatte nicht mit dem neunjährigen Klaus durch das brennende Viertel laufen müssen. Der Junge war mit seinem Vater und dessen dritter Volksschulklasse ins Mecklenburgische evakuiert worden.

Ihre nächtlichen Schreckensbilder zeigten Marikes Gesicht, als sie aus dem Keller des zerstörten Hauses gerettet wurden.

Der Verlust der Wohnung, in der sie elf Jahre gelebt hatten, und all ihres Hab und Guts. Die hochschwangere Frau, die sich von der Landwehr bis zur Finkenau durchgekämpft hatte, verbrannte Fetzen am Leib, Phosphor auf der Haut. Das große prächtige Kaufhaus Karstadt an der Hamburger Straße, von dem nur noch die hintere Wand stand mit Teilen des Treppenhauses. Eine schaurige Theaterkulisse.

Henny nahm einen Schluck vom Kaffee, Nescafé, den Thies gebracht hatte, der beim neu gegründeten NWDR arbeitete, mit vielen englischen Kollegen. „Heute kommt Ida und bringt Sachen fürs Baby", sagte sie.

„Ida?", fragte Ernst. „Babysachen?"

Die Barkasse fuhr unter der Mundsburger Brücke durch und in den Kuhlmühlenteich hinein. Der Turm von St. Gertrud ragte in all den leeren Fassaden auf, die Kirche war nahezu unbeschädigt geblieben. Auch der Bahnhof Mundsburg stand noch und das Hammoniabad. Das Ufahaus war bis auf das Erdgeschoss zerstört. Dort hatte die Tanzschule Bartels ihren Betrieb im vergangenen Jahr wieder aufgenommen. Es schien eine Ewigkeit her und nicht erst ein Jahrzehnt, dass sich Marike und Thies in der Tanzstunde trafen.

„Wir werden auch wieder eine eigene Wohnung haben", sagte sie und wusste nicht, woher sie auf einmal diesen Optimismus nahm. Doch es tat endlos gut, von einer Zukunft zu wissen.

---

4 Für ein von der wph herausgegebenes Booklet im Jahr 2015 hat die bekannte Autorin Carmen Korn, die seit über 40 Jahren auf der Uhlenhorst wohnt, einen Kurzroman über zwei Hebammen an der Finkenauklinik entwickelt. Aus diesem Manuskript stammen die Zitate. Inzwischen ist der Stoff von der Autorin zu einer Romantriologie weiterentwickelt worden, deren erster Teil 2016 erschienen ist: *Töchter einer neuen Zeit*. Zweiter Teil 2017: *Zeiten des Aufbruchs*. Beide, wie auch der noch folgende dritte Teil, erschienen bei Rowohlt.

5 Henny ist die wichtigste Protagonistin des Buchs; sie arbeitet in den 1920er Jahren als Hebamme in der Frauenklinik Finkenau.

Zwischen 2005 und 2011 wurde das Hauptgebäude der Finkenau behutsam saniert und zu einer Medien- und Designschule umgebaut. Die Architekten Ulrich Feierabend und Thies Thiessen haben ihren Schumacher begriffen, auswendig gelernt und gestrichen. Form, Struktur und Materialien erzählen die Geschichte einer gelungenen Modernisierung. Der Kunst- und Mediencampus Hamburg führt die Rolle einer emanzipatorischen Einrichtung fort; damals für die Frauen, heute für die Medien- und kreativen Wissenschaften in der Pfeffersackstadt Hamburg. Schumacher verpflichtet!

Die Konversion und Transformation des Hauptbauwerks der Finkenau bleibt der Anmutung und den bewährten Materialien treu. Es ist die Methode eines traditionellen Denkmalschutzes, die hier Erfolg zeitigt. Und das tut gut!

RENAISSANCE EINER URBANEN IDEE: **DAS STADTHAUS**

Gelungenes Alter ego der upTownhouses – Hausboote auf dem Eilbekkanal. Ab etwa 2010 ist der nahe Eilbekkanal Standort einer Besonderheit Hamburgs geworden: des Wohnens auf dem Wasser. Es ist eine typische, aber auch prinzipiell nicht gern gesehene Wohnform in der Hansestadt. Denn wer kümmert sich um Ver- und Entsorgung? Inzwischen ist dieser so gut gelegene Standort etabliert, weil er an dieser Stelle die Brücke zwischen anspruchsvollem Wohnen und Arbeiten schlägt. Hier werden gute Standards der Ausstattung und Gestaltung definiert: ein gern gesehener Nachbar der upTownhouses, denn die Motive sind vergleichbar – Nachverdichten auf hohem Niveau!

„Brückenschläge in die Zukunft" nennt das Hamburger Architekturjahrbuch diesen Weiterbau! Für notwendige neue Studiobauten und den Mensakomplex des Kunst- und Mediencampus Finkenau entstanden ab 2011 Neubautrakte, die sich dadurch auszeichnen, dass sie eigenständig und gegenwartsbezogen sind. Dem Altbau in seiner Vielgliedrigkeit ist am Kanalufer ein schwebender Kubus gegenübergestellt worden. Ob man will oder nicht: Fritz Schumacher ist hier der Maßstab und damit Katalysator für Qualität. Nur äußerst selten versagen Hamburgs Architekten im Umfeld eines Schumacher'schen Staatsbaus: Das gilt auch für SML und Gerber Architekten an dieser Stelle. Das neue Campusgebäude schließt die so wichtige Transformation des Frauenklinikgeländes erfolgreich ab „und schafft damit einen wichtigen Brückenschlag in die mediale Zukunft der Stadt Hamburg". (Jan Lubitz im Hamburger Architekturjahrbuch 2015/16).

RENAISSANCE EINER URBANEN IDEE: **DAS STADTHAUS**

Der unmittelbare Nachbar Eleven Houses gilt als Geschosswohnungsbau gehobener Qualität. Die Fassadenstandards im Ziegelbau sind mit denen bei den gegenüberliegenden upTownhouses vergleichbar. Sehr ordentlich! Das Hamburger Architekturjahrbuch 2015/16 lobt den hohen Anspruch und eine geschickte Grundrissorganisation im Block. Durch bodentiefe Fenster entsteht drinnen ein relativ helles Milieu. Wenn man so will, sind diese 152 Wohnungen überzeugende Vertreter des Gegenmodells des Stadthaus-Wohnens mit klassischen Miet- und Eigentumswohnungen, und das ist für den Wohnungsmix im Quartier sehr gut. Wohnungsbau auf der Etage ist nicht mehr Maß aller Dinge in der Inneren Stadt. Das Stadthaus holt auf. Beide Wohnformen haben Anspruch auf Weiterentwicklung. Und das gute alte U des offenen Blocks erinnert an alte Vorbilder.

VIEL MEHR ALS EIN REIHENHAUS

Hamburg wird nachverdichtet. Die Hansestadt soll sich anfühlen, bewohnen und vermarkten lassen wie eine Metropole des 21. Jahrhunderts. Wir verstehen darunter eine grüne und gerechte europäische Großstadt. Doch wie sieht die nachverdichtete Großstadt aus, wenn sie nachhaltig und liebenswert bleiben soll? Die Typologie des Stadthauses kann darauf Antworten geben und ist im Ergebnis mehr als eine bloße Wohn- oder Bauform. Sie könnte zum entscheidenden Baustein der anthropologischen, also wieder vornehmlich auf die Bedürfnisse des Menschen bezogene Großstadt im 21. Jahrhundert werden.

RENAISSANCE EINER URBANEN IDEE: DAS STADTHAUS

Renaissance einer Hamburger Tradition: alte Stadthäuser (im Bild ganz unten) treffen jetzt auf drei neue Hauszeilen in der Finkenau.

Die Konversion des Finkenau-Areals führt zu einer neuen Schicht der Großstadt, die etwa 100 Jahre nach der Gründung und Ausbreitung der Epoche machenden Frauenklinik aufgetragen wird. Sie soll zum Träger eines urbanen Quartiers werden, das für Familien genauso geeignet sein soll wie für Metropolenfreaks.

Das Unternehmen „Finkenau 2.0" fällt in den Boom einer neuen Gründerzeit: Hamburg wächst! Das Wohnen in den zentralen Bereichen einer Metropole folgt dabei Marktgesetzen, die leider für sehr hohe Bodenwerte sorgen. Trotzdem suchen Senat und Behörden der Freien und Hansestadt Hamburg und ihrer Bezirke dort, wo es in ihrem Einflussgebiet liegt, über alle Schichten und Sinus-Milieus[1] hinweg nach grundsätzlichen und gerechten Lösungen für alle Wohninteressierten. Quartiere wie die Finkenau sind deswegen als Planungslabore und *case studies* zu verstehen (siehe auch den Aufsatz von Jörn Walter ab S. 42 in diesem Buch), die mit den Wohn- und Lebenswünschen möglichst vieler Großstädter im 21. Jahrhundert kompatibel sein können. Die unter anderem von Jörn Walter gestartete Initiative, neben Einrichtungen der Bildung (Hochschule für Medien, Hochschule für angewandte Wissenschaften und andere) möglichst unterschiedliche Wohnformen zu etablieren, erfüllte deswegen exakt die Hoffnungen der professionellen Planungs- und Projektentwickler auf neue Erkenntnisse. Architektenkammern und Hochschulen, Wohnungsverbände oder die Behörde für Stadtentwicklung und Wohnungsbau wollen von den Erfahrungen und den Baufortschritten im Quartier lernen.

Jörn Walters Erfolgsformel für die Finkenau besteht aus zwei Ebenen. Der verdichtete und anspruchsvolle Wohnungsbau folgt verschiedenen Wünschen und Zielgruppen: Berücksichtigt werden sollen gleichermaßen das Wohnen im Alter wie jenes von jungen Familien oder der Young Professionals. Die Mischung macht's.

Die Speerspitze einer vertretbaren und ökonomischen Verdichtung bildet rund um den Dorothea-Bernstein-Weg das Modell des nordeuropäischen Stadthauses. Nicht nur als Wohnform oder Konzept, sondern auch als stadträumliche Komponente. Innerhalb des Typus sollten dabei mehrere Vermarktungskonzepte ausprobiert werden. Der Bodenwert hat im Außenalster-nahen Barmbek-Uhlenhorst einen überdurchschnittlichen Hausverkaufspreis zur Folge. Deswegen werden im Quartier zahlenmäßig mehr Geschosswohnungen zum Verkauf und zur Vermietung angeboten, als es Stadthäuser gibt. Und die Stadthäuser werden in drei Angebotsformen vertrieben: als qualitativ hochwertige Architektenhäuser, die durch die wph Wohnbau und Projektentwicklung GmbH entwickelt wurde (eben die upTownhouses), als Baugruppen und als Massivhaustypen.

In diesem Buch wird das Modell der upTownhouses vertiefend vorgestellt – beginnend bei der Idee

Luftaufnahme Finkenau 2017:
Das Quartier der unterschiedlichen
Wohnangebote

RENAISSANCE EINER URBANEN IDEE: **DAS STADTHAUS**

Gartenstadtideen in Hamburg: Fritz-Schumacher-Siedlung in Langenhorn

Das große Vorbild: Straße mit historischen Bremer Häusern, Besselstraße, 1868

über den architektonisch-räumlichen Entwurf bis zur marktfähigen Umsetzung und Baubarkeit. In diesem Aufsatz geht es darum, wie sich das Stadthaus als Typologie der dicht bebauten europäischen Stadt seit dem späten 19. Jahrhundert entwickeln konnte.

ALLES FALSCH GEMACHT?

Betrachtet man den Wohnungsbau der letzten Jahrzehnte, keimt bald die Frage auf: Haben wir denn nun wirklich alles falsch gemacht? Und es ist nicht mehr zu leugnen – es wurden in Deutschlands Städten zu wenig leistungsgerechte Wohnungen gebaut. Es wurden falsche Schwerpunkte gesetzt. Immer noch wachsen statistisch die Wohnungen und werden mit immer weniger Personen belegt[2], man achtet auf die Eleganz einer offenen Küche, wo immer seltener zuhause in Gemeinschaft gekocht wird, sondern nur noch Tüten geschlitzt und Pizzas geliefert werden. Barrierefreiheit und Nullenergiehausorientierung vernebeln die Sinne, aber es gibt wenig gelungene Beispiele.

Die Wohnung wurde nicht mehr als Heimat oder als Lebensbrunnen, sondern entweder als Ware oder als Existenzsicherung verstanden. Ein Blick in die Geschichte des Wohnens seit dem Ende des Feudalismus beweist: Es gab viele gute Ansätze, viele Konzepte – warum erinnern wir uns nicht?

An der Nahtstelle von Metropolendruck und Größenwahn führt eine unhinterfragte Verdichtungseuphorie dazu, dass Hamburg seinen offenen und durchgrünten Charakter aufs Spiel setzt. Es gilt, künftig besonders genau hinzuschauen, wo und wie nachverdichtet werden soll. Dabei kann man aus der Vergangenheit lernen.

Eines dieser alten Modelle, die im städtebaulichen Diskurs heute wieder hoch gehandelt werden, wurde 1898 vom Briten Ebenezer Howard als Reaktion auf die schlechten Wohn- und Lebensverhältnisse sowie die steigenden Grundstückspreise in den stark gewachsenen Großstädten entwickelt: die

Gartenstadt. Umgangssprachlich wird der Begriff heute für besonders begrünte Städte verwendet. Dadurch entstehen leider oftmals falsche Assoziationen. Man kann die Gartenstadtidee auch als Ensemble von Stadthäusern begreifen: Wohnstatt und Heimat mit genügend Raum für eine Familie mit klaren Bezügen in den (damals Nutz-)Garten und in einen freundlich gestalteten öffentlichen Straßenraum nach vorn, wo die Häuser gedeckte Sitzplätze im Form einer Laube oder *porch* besaßen.

In Hamburg, dessen Vorzeigearbeiterbau am Ende des 19. Jahrhunderts als Hamburger Terrassen in die Literatur einging[3], hatte sich der frühere Oberbaudirektor Fritz Schumacher zwischen 1919 und 1921 mit dem Bau der inzwischen unter Denkmalschutz stehenden Siedlung in Langenhorn, die heute seinen Namen trägt, baulich geäußert. Später lag Schumachers Leistung für die Wohnstadt Hamburg im mehrgeschossigen Wohn- und Siedlungsbau, wie noch heute die Jarrestadt oder die Gebiete in Barmbek-Nord beweisen.

In den großen deutschen Städten sind Geschwindigkeit und Radikalisierung der Veränderung in der zweiten Hälfte des 19. Jahrhunderts, genauer in den hektischen Gründerjahren des Zweiten Reichs nach dem deutsch-französischen Krieg unübersehbar. Im Falle Hamburgs verändert „der soziale und räumliche Strukturwandel des Wohnens in der Urbanisierung" die bis dato fast mittelalterlich organisierte Stadt radikal[4]. Lokale Katastrophen, wie der Große Brand von 1842 in Hamburg und die späteren Choleraepidemien, lieferten zusätzliche Argumente für einen Totalumbau und eben heftige Spekulationsmöglichkeiten.[5] In der Konsequenz ändert sich der Maßstab der Stadt, mit einem neuen Kontorhausviertel und der Geschäftsstraße, die den Namen des damaligen Bürgermeisters Mönckeberg trägt. Hamburg erhält neben Berlin als erste deutsche Metropole eine City, doch die entstehende Monofunktionalität hat Folgen: Hier gibt es schon früh viel mehr Einzelhandel und Büros als Wohnungen und das wirkt sich auf den Hamburger Wohnungsbau aus. Denn die neuen Wohnhäuser werden nun schichtenspezifisch für Arbeiter (als sogenannte Terrassenhäuser) und für das Klein- oder Großbürgertum (als sogenannte Schlitzhäuser) in einem neuen Gürtel rund um das ehemalige Wallgebiet gebaut.

Auch wenn mit den Stadterweiterungen des 19. Jahrhunderts die bürgerlichen Quartiere Harvestehude oder auf der Uhlenhorst (in unmittelbarer Nähe der Finkenau) mit vielen Stadthauszeilen stadtprägend sind, gehört der Stadthaustypus in seiner Entwicklungsgeschichte im 19. Jahrhundert eher nach London und Bremen.

DAS ALT-BREMER HAUS – VIEL MEHR ALS EIN REGIONALER EINFALL

In Bremen entwickelte sich im 19. Jahrhundert die Wohnraumsituation anders und auf ureigene Weise – eine *Bremensie* entsteht. Wenn man will, kann man Bremen die Genese eines Haustypus zuschreiben, der die Wohnungsfrage schichtenübergreifend lösen wollte. Denn das Alt-Bremer Haus definiert sich nicht vordergründig durch oberflächlichen Architekturschmuck, „schon gar nicht über die Lage der Plättstube bzw. Küche im Souterrain"[6]. Das Alt-Bremer Haus war *das* Haus des Bremers schlechthin – vom eingeschossigen Arbeiterhaus bis zum dreieinhalbgeschossigen Großbürgerhaus. Natürlich existiert dieser meist mit drei Fensterachsen ausgestattete, mehrgeschossige Typus eines Reihenhauses in vielen nordeuropäischen Groß- und Hafenstädten – etwa als Londoner *terrace house* oder in anderen Hansestädten, die sich im frühen 19. Jahrhundert außerhalb historischer Stadtmauern weiterentwickelten. Das Hamburger Pendant, das es seit beinahe 1000 Jahren gibt, zeigt Spezifika des „Pfeffersäckischen" und ist ein „Arbeitshaus". Der Hamburger Speicher[7], an den Fleeten Hamburgs gelegen, hat sich aus dem dienenden Lagerhaus heraus teilweise zum Bürgerhaus entwickelt, hat zunächst klein und bescheiden Funktionen wie das Kontor und die Wohnstatt des Kaufmanns aufgenommen und integriert.

RENAISSANCE EINER URBANEN IDEE: DAS STADTHAUS

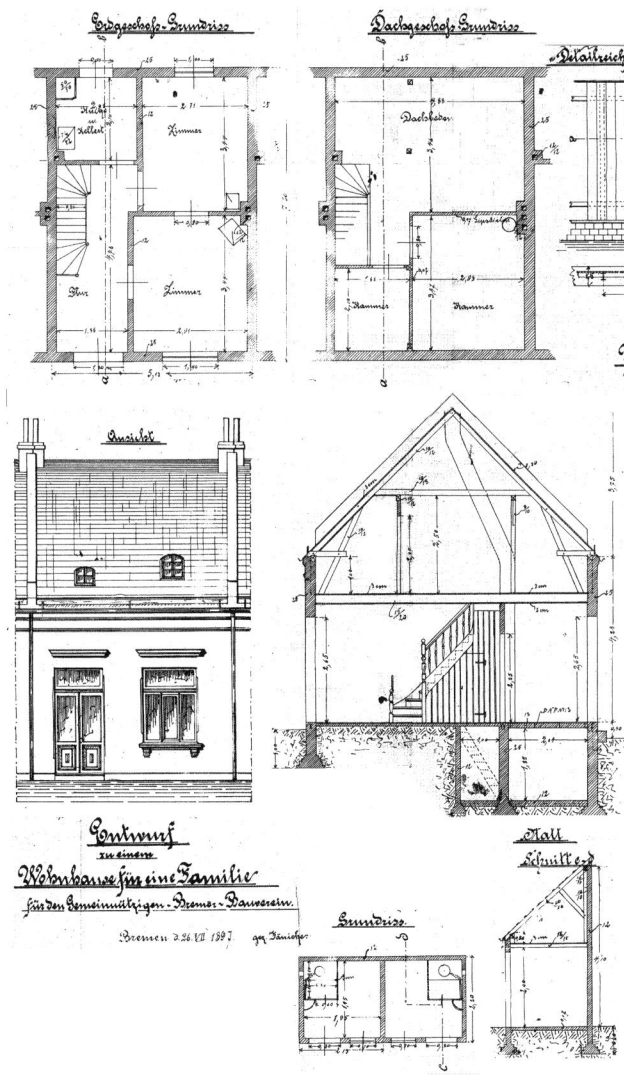

Darstellung des historischen Bremer Hauses – als Arbeiterwohnhaus

DIE RENAISSANCE DES STADTHAUSES

Lange Jahrzehnte (etwa bis zum Europäischen Denkmalschutzjahr 1975 und einer beginnenden Renaissance der Städte) waren die alten Stadthäuser auch in Hamburg weniger nachgefragt: zu groß, technisch überholt, scheinbar unflexibel auf eine großbürgerliche Struktur mit Domestiken ausgelegt. Dann aber wurde immer deutlicher, wie gerade dieser Haustypus innerstädtisch alles vereint, was die deutsche Seele wollte: Eigentum, ein eigenes Haus, ein bisschen (nicht zu viel) Garten. Es wurde verziehen, dass viele dieser Einheiten nie im Sinne eines Einfamilienhauses funktioniert hatten, weil sie im Kauf und Unterhalt von einer Familie allein gar nicht bestritten werden konnten. Dafür eignete es sich durchaus in Zeiten von Wohnraum-Notversorgung zur Teilung, weil es ja über mehrere Geschosse verfügte. Selbst das benachteiligte Souterrain war wohntauglich, weil es verhältnismäßig gut zu belichten war. Viele der Bremer Häuser wurden also umgebaut, nachgerüstet und schon deswegen entsprachen sie im Inneren nicht mehr der Idealplanung – nicht zu vergessen, dass das Bürgertum mit Klavierflügel, Herrenzimmer und Bediensteten heftig an Zahl und Substanz verlor. Und trotzdem bewährte sich das Bremer Haus über all die Jahrzehnte als Wohnraumgarant für Bremen.

Warum heute das Bremer Haus innerhalb des Immobilienmarktes der Traum aller Bremer geworden ist, hat sicher mit seinem Wert als Ware zu tun. Aber mehr und mehr wird deutlich, dass man durch ein solches Haus sehr tief mit der Bremer Geschichte und Wohntradition verbunden ist. In einem Bremer Haus können Wohnwünsche individuell erfüllt werden und das mitten in der Stadt, in unterschiedlichen Größen und Lagen. All das funktioniert wunderbar und vor allem Lehrer oder Architekten fühlen sich damit wohl.

Und noch etwas wird immer wichtiger. Wilfried Turk schrieb 1980: „Es geht um die Kontinuität öffentlichen Raumes, die Wiedergewinnung von Straßen und die Entwicklung neuer sozialer Raumcharaktere, die die Übergangszone von Öffentlichkeit zur Privatheit neu und entsprechend definiert."[8] Man kann es aktuell so ausdrücken: Das Alt-Bremer Haus erlaubt eine Dichte und Komplexität, die ein Gefühl echter Urbanität in die Stadt zurückbringt, das heute zunehmend gefragt ist, mit definierten Straßenräumen – als Gegenmodell zur „Stadt als Park". Interessant ist dabei, dass und wie das Bremer Haus Paradigmenwechsel und Kriege überstanden hat, wie es eben als ein Leuchtturm städtischer Wohnzufriedenheit wiederentdeckt wurde und Planer- und Architektenköpfe beeinflusst.

In Hamburg wurde das Thema 1978 durch die Hamburg-Bau wieder aufbereitet. In Poppenbüttel (gut eine dreiviertel Stunde von der City entfernt, wenn man öffentliche Verkehrsmittel nutzt) soll eine sogenannte *Greenfield*-Erweiterung[9], also auf ehemaligem Ackerland, dem weiterhin gültigen Prototyp der Behausung, dem Eigenheim, bei größerer Dichte mehr architektonische und stadträumliche Qualitäten zuordnen. Die Kritik war heftig: „Architektonische Erleuchtung findet man in dieser Siedlung so gut wie nicht" (Manfred Sack in der *Zeit* vom 8. August 1978). Und das (Immobilien-)Spiel blieb durchschaubar. Hamburg musste sich gegenüber den angrenzenden Bundesländern neu aufstellen, um die Abwanderung zu stoppen. So versuchte die Stadt, den weiteren Verlust von Flächen klein zu halten, indem verdichtet gebaut wurde. Wie Manfred Sack feststellte, machten das die Holländer wesentlich konsequenter, wie Beispiele in Hengelo oder Zwolle zeigten. Dort fuhren die Studenten hin, um zu lernen, nicht nach Poppenbüttel.

Was die Fachwelt damals weniger verzieh, war der Etikettenschwindel, weil das Stadthaus historisch eindeutig in der Stadt und nicht in der Vorstadt verortet ist. In den 1970er Jahren wurden hitzige Debatten über die Zwischenstadt und über die Chancen des *urban sprawl* geführt. Das Thema Nachverdichtung geriet nur langsam in den Fokus, weil erst seit den 1980er und 1990er Jahren für den sogenannten *urban reset*[10] entsprechende Flächen freigesetzt wurden. Es sind Konversionsflächen, wo inzwischen obsolet gewordene Kasernen, Krankenhäuser, Industrie- und wie in Hamburg Hafenflächen wieder für die weitere Entwicklung der Städte zur Verfügung standen. Die IBA Hamburg 2013 hat sie Metrozonen genannt, zentral gelegene Ergänzungsflächen. Mit der Finkenau als altem Krankenhausgelände standen diese dann in einer besonders wertvollen Variante zur Verfügung.

DER „OLLE LAAGE"

Veranstaltungen wie die Hamburg-Bau '78 waren nur die sichtbare Spitze des Eisbergs, zu dem sich die Bewegung für neue städtische Wohnformen mittlerweile ausgewachsen hatte: mächtig, schroff, fremd, aber beeindruckend. Gerhart Laage, hannoverscher Professor für Architekturtheorie[11], fasst in der Einleitung zu seinem Buch *Das Stadthaus*[12] schon 1979 Charakter und Charisma des Stadthauses zusammen.

Er begreift das Stadthaus als Zusammenhang sozialer Zielsetzungen sowie als Alternative zum Mehrgeschosswohnungsbau und gleichzeitig zum konventionellen Einfamilienhaus, das in der Adenauer-Republik als Befreiungstraum der Kriegsverlierer und Hort der heilen Welt aufgebaut worden war. Mit dem „Einfamilienhaus für alle" in der bundesdeutschen Gesellschaft wurde das Volk in Sicherheit gewiegt[13] und so kam niemand auf die Idee, das System infrage zu stellen oder notwendige Veränderungen zu versuchen. Beide, so Laage, Geschosswohnungsbau und Einfamilienhaus, führten zu „zerstörenden Entwicklungen in der Stadt und im Umland". Im weiteren fallen schon Begriffe wie „Mehrgenerationenhaus", geht es um Qualitäten des freistehenden Einfamilienhauses, die in ein Stadthaus importiert werden können. Baulückenschließungen als Thema werden erkannt. Laage redet von „menschlichen, städtebaulichen Einheiten". Da der aktive Stadtplaner, Städtebauer und Architekt sich auch mit gesetzlichen Rahmenbedingungen, ökonomischen Möglichkeiten und dem sozialen Frieden auseinandersetzte, entstand mit dem Buch aus den 1970er Jahren so etwas wie ein vorgezogenes Manifest der Stadthausphilosophie. Aber: Warum geschah dann in Hamburg bis nach der Jahrtausendwende nichts Relevantes in dieser Richtung?

NACHKRIEGSTRAUMA, NACHLÄSSIGKEIT UND NEUE WOHNUNGSNOT!

Nach dem Zweiten Weltkrieg musste in weiten Teilen Europas die Grundversorgung der Bevölkerung mit Wohnraum neu aufgebaut werden. Der unerwartet rasche Aufstieg der Bundesrepublik bescherte, dank dem Wirtschaftswunder und einer

RENAISSANCE EINER URBANEN IDEE: **DAS STADTHAUS**

Axiometrische Darstellung des Alt-Bremer Hauses mit Außenbereichen: Hier wird städtischer Raum drinnen wie draußen optimal ausgenutzt.

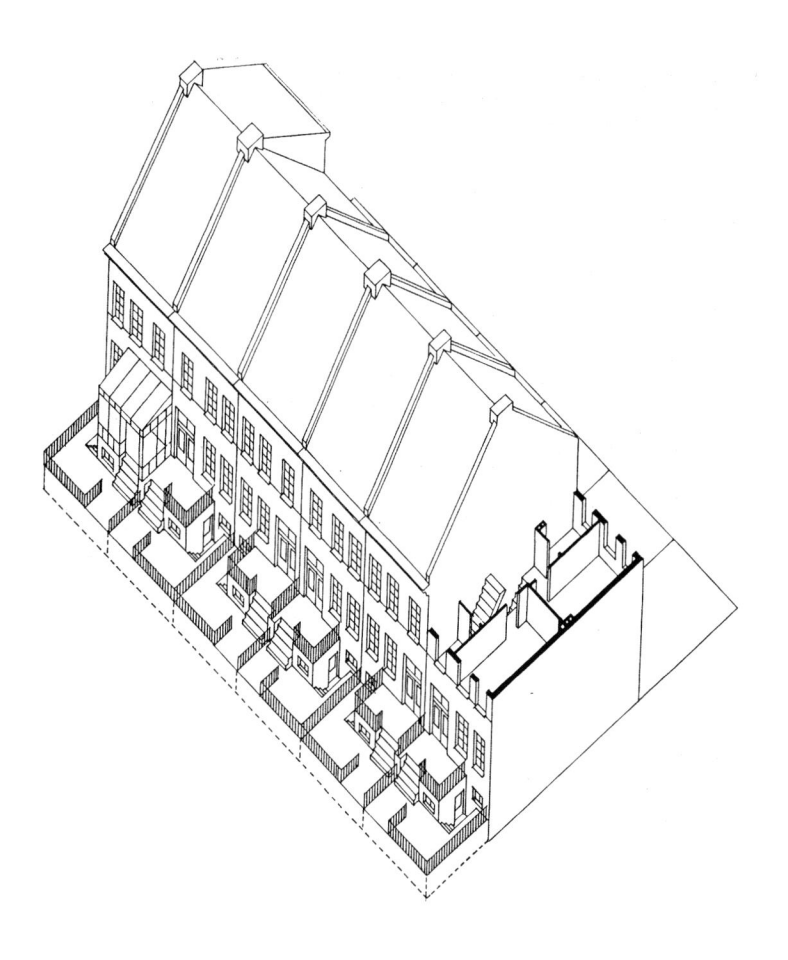

begründeten Solidarität großer Gesellschaftsteile als Kriegsverlierer, in den 1950er und 1960er Jahren jährlich Hunderttausende von neuen Wohnungen. Das ging in der Stadt natürlich schneller als auf dem Land, weil in den Städten notwendigerweise mehr öffentlich geförderte Geschosswohnungen gebaut wurden. Der moderne Städtebau erweckte dabei gern den Eindruck, dass auch die Stadt grün bleiben konnte und gebrauchte dafür Schlagwörter wie Entballung, Durchgrünung, Trabantenstadt, Grünquartier oder Villenvorort.

Grün war die Farbe jener Jahre. Gleichzeitig spielte das Eigenheim eine wachsende Rolle in der Machtsicherung der Christdemokraten. Ihre Säulen waren Volksaktien und Familienheimgesetz[14]. „Die Erfinder der neuen Eigentumspolitik versprachen sich vom Eigenheim erstaunliche staatspolitische Effekte: Der unstete, entwurzelte Mensch wird nach ihrer Meinung, sobald er am Gartenzaun des eigenen Heimes sein Pfeifchen schmaucht, immun gegen östliche Ideologien und Vermassungstendenzen und treu sorgender Erzeuger zahlreichen und gesunden Nachwuchses – durch Blume und Pflanze ist er wieder mit der Natur verbunden."

Andererseits entstanden massenhaft Großsiedlungen nach dem Leitbild der autogerechten Stadt, vornehmlich als reine Wohnsiedlung draußen vor den Städten, in offener Bauweise, durch Hochbauten verdichtet. Sie waren zunächst für breite, für alle Schichten der bundesrepublikanischen Gesellschaft vorgesehen, also auch für relativ einkommensstarke und mobile Bewohnergruppen der wachsenden Mittelschicht.

Auch deswegen entwickelte sich in den 1980er Jahren ein Prozess, der einer Stadtflucht glich und der zum Wegzug (aufs Land!) der einkommensstärkeren Gruppen führte. Doch individuelle Träume von der eigenen Villa unter Krüppelwalm mit symmetrischer Eingangsfront und Säulchen vor der Haustür endeten in der Gesamtheit und städtebaulich allzu oft in sogenannten Wildschweingebieten, wie sie unkontrolliert, unkoordiniert und unendlich in halbherziger Verdichtung auf Kleinstgrundstücken und in Speckgürteln rund um die Städte entstanden und immer noch entstehen. Derweil wurden die Wohnungen in den Großsiedlungen durch „soziale Randgruppen" und ausländische Arbeitnehmerfamilien besetzt – an einigen Standorten führte dies zum Status eines sogenannten sozialen Brennpunkts.

EINIGE GEDANKEN ZUM THEMA NACHVERDICHTUNG

1978 hatte der spätere Chefredakteur der *Bauwelt*, Peter Rumpf, unter der Überschrift „Nichts ist einfacher als Wohnen" die eine oder andere amüsante Geschichte zusammengetragen. Nicht nur das berühmte Mies-van-der-Rohe-Zitat „Mach doch die Bude groß genug", sondern auch die „Wohnung mit dem Trick" im „Habiflex" der damals experimentellen Neuen Stadt Wulfen (Entwurf Horst Klement), wo „die sonst als Kellerräume ausgewiesenen Flächen disponabel in den Wohnungen liegen." Der Balkon, für jede Wohnung im sozialen Wohnungsbau vorgeschrieben, ist hier zum Wohnraum hin durch außen oder innen klappbare Tür- und Fensterelemente abgeteilt."[15]

Die mittlerweile etwas vergilbten Zukunftsvisionen des Bandes *Wo wohnen, wie bauen? Überlegungen zu unserer zukünftigen Lebensgestaltung* von 1978 mit Autoren wie Hans Paul Barth, Harald Deilmann und anderen haben das bleibende Verdienst, die Debatte wieder von der Quantität auf die Qualität verschoben zu haben. Etwa zehn Jahre später wurde das sehr deutlich: „Ziel der Publikation ist es, zu fachlich und wissenschaftlich begründeten Konzepten für den Wohnungsneubau zu gelangen, der noch Mitte des nächsten Jahrhunderts die Physiognomie unserer Städte bestimmen wird."[16] Noch bildeten neue Themen wie Nachhaltigkeit, *Global City* und demografischer Wandel nur ein leises Hintergrundrauschen. Die Umsteuerung vom sozialen Wohnungsbau zum alternativen, sozialen Mietwohnungsbau oder für selbst genutztes Wohneigentum waren aber schon wieder große Themen. Erika Spiegel, die Hamburger Grand Dame der Stadtsoziologie, stellte schon damals fest: „Je unspezifischer ein Grundriss ist, desto eher kann er unterschiedlichen Phasen des Lebenslaufs, unterschiedlichen Haushaltstypen, unterschiedlichen Formen der Erwerbstätigkeit angepasst werden."

Egbert Kossak, der damalige Oberbaudirektor Hamburgs, stellte auf dem Kongress „Wohnungsneubau in Hamburg – zwischen traditionellen Programmen und neuen Konzepten mit sozialen und ökologischen Innovationen" im Februar 1990

Die Besselstraße in Bremen in der Nachkriegszeit: Irgendwie bleiben Alt-Bremer Häuser immer in einer sinnvollen Nutzung.

RENAISSANCE EINER URBANEN IDEE: **DAS STADTHAUS**

1978 wird in Hamburg-Poppenbüttel das Stadthaus programmatisch „neu" erfunden. Das Problem: Es sieht aus wie ein Reihenhaus und das Ausstellungsgelände liegt draußen an der Landesgrenze zu Schleswig-Holstein.

Das Buch *Das Stadthaus* von Gerhart Laage kann als eine frühe Bibel der „Stadthaus-Bewegung" verstanden werden.

ein interessantes Thesenpapier vor,[17] darunter die Forderung, das damals gültige Wohnungsbauprogramm von jährlich 5000 Einheiten über Jahre fortzuführen – was bekanntlich nicht geschehen ist, aber die inzwischen entstandene Wohnungsnot in der wachsenden Metropole Hamburg hätte verhindern können. Der 2016 verstorbene Egbert Kossak entwickelte nahezu seherische Fähigkeiten, wenn er eingestand, dass zwischen St. Pauli, den Walddörfern oder Allermöhe die notwendige Nachverdichtung nicht erwünscht sei: „Die heute Wohnungssuchenden finden keine Solidarität bei den Wohnungsbesitzenden!"[18]

In der Sache forderte der Ex-Oberbaudirektor die Abkehr von einer quantitativen Bedarfserfüllung, also der reinen Umsetzung von Programmzahlen. Damals war dies tatsächlich weitaus einfacher möglich als heute. Egbert Kossak hoffte auf neue Dichte, spezifische Identität und kraftvolle Raumformen: „Der Städtebau der Klötzchen und Reihenkompositionen der 1960er Jahre sollte der Vergangenheit angehören!"[19]

Ernster zu nehmen ist ein anderer Sachverhalt: In den letzten beiden Jahrzehnten kippte im Mainstream globaler Finanzwirtschaft der Wohnungsbau aus seiner gesellschaftlichen Verpflichtung mehr und mehr ins Immobilienwirtschaftliche. Nie war die Wohnung wohl mehr Ware als jetzt. Die Spekulation mit Gründerzeithäusern vor 100 Jahren in Berlin oder in anderen Metropolen liest sich

Im Zweifel siegt des Bausparers Traum!

im Vergleich zu dem, was heute in München, Frankfurt und Hamburg passiert, wie ein Krimi, bevor das Schießpulver erfunden wurde.
Forciert wird die Entwicklung durch den demografischen Wandel und die notwendig gewordene Nachverdichtung: Es sind nicht nur mehr Leute mit Wohnraum zu versorgen, sie wollen auch mehr Fläche.

SCHLUSSBEMERKUNG

Die aktuell wichtigste gesellschaftliche Aufgabe in Deutschland ist es, bei der Siedlungs- und Wohnraumpolitik das Wirtschaftliche, Nützliche und Anthropologische gleichermaßen im Auge zu behalten. Für eine lebendige Stadt mit guten Zukunftsaussichten existiert hoher Bedarf an Heimat, Haus und Wohnung – für alle. Die Stadt muss deswegen über alle Wohnungstypologien verfügen: gefördert, finanziert, privat, öffentlich, verdichtet, im Grünen, oben und unten, konventionell und funktional oder hybrid, vor allem im Bestand und auf Konversionsflächen.
Die „Innenverdichtung" auf dem Areal der ehemaligen Frauenklinik Finkenau ist dafür ein Modellvorhaben.
Zusammen mit den „Ankermietern" auf dem Eilbekkanal in ihren schmucken Hausbooten, zusammen mit Köpfchen und Kreativität von Lehrern und Schülern in den benachbarten Medienschulen und der HFBK, zusammen mit den Bewohnern der neuen Mietwohnungen in der Nachbarschaft und den aus der Nachkriegszeit stammenden in der weiteren Umgebung sollte sich ein pluralistisches urbanes Quartier entwickeln – als Synthese aus bürgerlicher Uhlenhorst und proletarischem Barmbek, mit Alt und Jung, ohne Ansehen des eigenen Geldbeutels. Sentimental und zu träumerisch?

So will nur eine Minderheit wohnen (müssen) – leider könnte es auch im 21. Jahrhundert genau darauf wieder hinauslaufen! (Neue Vahr, Bremen)

RENAISSANCE EINER URBANEN IDEE: DAS STADTHAUS

Einen Versuch wert: Mit der bisher letzten Hamburger Großsiedlung in Allermöhe hat man kompositorische Elemente in der Verdichtung versucht und ist nicht gescheitert. Die Menschen wohnen gerne hier!

ANMERKUNGEN

1   Die Sinus-Milieus sind eine vom Markt- und Sozialforschungsunternehmen Sinus entwickelte Zielgruppentypologie. Sie umfassen neben den soziodemografischen (Alter, Geschlecht, Bildung, Einkommen etc.), geografischen und verhaltensbezogenen Segmentierungsvariablen die lebensweltliche Variable. Die Zielgruppeneinteilung erfolgt entlang zweier Dimensionen: „Soziale Lage" (Unter-, Mittel- oder Oberschicht) und „Grundorientierung" (grundlegende Wertorientierungen wie „Tradition", „Modernisierung/Individualisierung" und „Neuorientierung"). Auf diese Weise werden Gruppen gebildet, die sich in ihrer Lebensweise und ihren Alltagseinstellungen zu Arbeit, Familie, Freizeit oder Geld und Konsum unterscheiden. (Quelle: https://de.wikipedia.org/wiki/Sinus-Milieus)

2   In Deutschland betrug über alle Wohnungstypen gerechnet die Verfügungsfläche pro Person 45,2 m² (Statistisches Bundesamt)

3   Als „Terrasse" wird in Hamburg die innere Bebauung eines städtischen Häuserblocks bezeichnet. Es handelt sich dabei in der Regel um zeilenförmig angeordnete, mehrgeschossige Mietshäuser, die hinter einem Vorderhaus rechtwinklig zur Straßenachse stehen und über einen Durchgang und meist nicht befahrbaren Wohnweg erschlossen werden. Sie gehen auf die Tradition der für Hamburg in dieser Zeit typischen innerstädtischen Bebauung der Gängeviertel zurück. In ihrer Baugeschichte weisen sie die Entwicklungsstufen städtebaulicher Reformansätze auf, gelten als Nachbild der traditionellen Arbeiterquartiere und zugleich als Vorläufer der nach dem Ersten Weltkrieg entstandenen Sozialsiedlungen der Schumacher-Ära. (https://de.wikipedia.org/wiki/Wohnterrasse)

4   Vgl. Clemens Wischermann: *Wohnen in Hamburg vor dem Ersten Weltkrieg*. Münster 1983, besonders die Texte und Abbildungen auf den Seiten 266–399

5   Vgl. auch den historischen Kriminalroman *Der Tote im Fleet* von Boris Meyn, Hamburg 2000

6   Vgl. das Standardwerk zum Thema: Cramer, Johannes/ Gutschow, Niels (Hg.): *Das Bremer Haus – Geschichte, Programm, Wettbewerb*. Bremen 1982

7   Vgl. Hermann Hipp: „Die Speicher in Hamburg". In: Hamburger Architekturjahrbuch 1989, Hamburg 1989, S. 110–128. Dieser Haustyp ist ein früher Hybrid gewesen, konnte also unterschiedlich genutzt werden und dient deswegen auch heute als Leitbild in der Entwicklung zum „Hybridhaus".

8   Vgl. das Standardwerk zum Thema: Cramer, Johannes/ Gutschow, Niels (Hg.): *Das Bremer Haus: Geschichte Programm, Wettbewerb*. Bremen 1982, S. 10

9   *Greenfield* als Fachbegriff steht im Gegensatz zu *Brownfield*. Die Finkenau war ein *Brownfield*: ein bereits benutztes Siedlungsgebiet wird konvertiert. Ein *Greenfield* ist die Umwidmung eines bisher natürlichen oder landwirtschaftlich genutzten Areals.

10   Eisinger, Angelus/ Seifert, Jörg (Hg.): *Urban Reset, Freilegen immanenter Potenziale städtischer Räume*. Basel 2012

11   Gerhart Laage (1925–2015) hat mit seiner Theorie wie auch seinen Wohnprojekten die norddeutsche Szene beeinflusst, er war enger Freund und Berater des früheren Kanzlers Helmut Schmidt.

12   Laage, Gerhart: *Das Stadthaus. Mehr als eine Bauform. Chancen, Forderungen, Konzepte im Wohnungs- und Städtebau*. Stuttgart 1979

13   Anmerkung: Der damalige Kanzler der frühen Jahre, Konrad Adenauer, der mit seinem Namen eine Ära prägte, bezeichnete, „basierend auf christlichem Autoritätsdenken und einem altfränkisch-ländlichen Weltbild, die Großstadt als Brutstätte für die Entfremdung des Menschen". *Der Spiegel* 29/1958.

14   *Der Spiegel* 29/1958

15   Laupsien, Hermann (Hg.): *Wo wohnen, wie bauen? Überlegungen zu unserer zukünftigen Lebensgestaltung*. Düsseldorf/Wien 1979, S. 224

16   Huke-Schubert, Beata: *Wohnen morgen – Wohnungsbau in den 90er Jahren*. Darmstadt 1990

17   Ebd., S. 237–242

18   Ebd., S. 238

19   Ebd., S. 243

Neues Leben auf der Finkenau –
die upTownhouses im Sommer 2017

RENAISSANCE EINER URBANEN IDEE: **DAS STADTHAUS**

DICHTZUSAMMEN

Das Stadthaus ist die moderne Interpretation einer historisch verloren gegangenen, beliebten Wohnhaustypologie, die sich durch eine ausgeprägte Individualität wesentlich vom Geschosswohnungsbau, der Villa und dem Reihenhaus unterscheidet, gleichzeitig aber in der Reihung durch Verwandtschaften in Größe, Proportionen und Materialität eine hohe städtebauliche Qualität erzeugt. Der Stadthaus-Typ weist als urbane Wohnform eine mehrgeschossige Bauweise mit einer oder mehreren Wohnungen auf und bietet neben dem reinen Wohnen auch die Möglichkeit der Kombination mit einer Büronutzung in den Erdgeschossbereichen. Stadthäuser sind mehrstöckige, städtische Reihenhäuser, teilweise mit mehreren Wohnparteien, die meist „Wand an Wand" mit ihren Nachbargebäuden stehen. Stadthäuser sind ein urbaner Wohntypus.

Durch die Variation von Größen, Proportionen und Materialien kann eine hohe architektonische und auch städtebauliche Qualität entstehen, denn die individuell gestalteten Stadthäuser bilden in der Reihung wieder einen einheitlichen geschlossenen Straßenraum. Stadthäuser zeichnen sich durch schmale Grundrisse und das Wohnen auf mehreren Etagen aus, was eine Kombination mit Büro- oder Ateliernutzungen erleichtert. Der Haustyp kann unter anderem in der Zeilen- und Blockrandbebauung sowie zur Schließung von Baulücken verwendet werden. Stadthäuser vereinen die Vorteile des individuellen Wohnens im Reihenhaus mit der höheren Dichte des Geschosswohnungsbaus." (Aus der BSW-Broschüre: *Hamburger Stadthäuser – individuell und urban leben,* 2011)

Die damalige Behörde für Stadtentwicklung und Umwelt stellte 2011 eine umfassende Broschüre zum Thema vor.

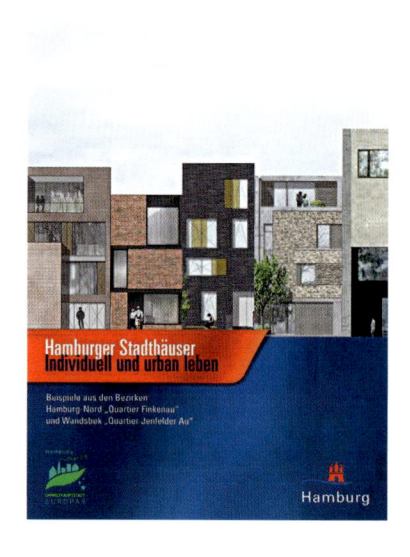

RENAISSANCE EINER URBANEN IDEE: **DAS STADTHAUS**

Das ist Hamburg: Blick von der Finkenau über die Außenalster, die City bis zum Hafen. Die Zeile der upTownhouses liegt am unteren Bildrand, oberhalb der Kräne.

DAS NEUE HAMBURGER STADTHAUS –
INDIVIDUELLER BAUSTEIN URBANER WOHNKULTUR

VON JÖRN WALTER

Der Bevölkerungszuwachs stellt den Hamburger Wohnungsbau vor große Herausforderungen. Mit der Wohnungswirtschaft und den Bezirken hat der Senat seit 2015 vereinbart, mindestens 10.000 Wohnungsbaugenehmigungen im Jahr zu erteilen. Es geht aber nicht nur um Quantitäten, sondern um ein ausdifferenziertes Wohnungsangebot. Es soll auf die unterschiedlichen Bedarfe der Haushalte nach Größe, Einkommen und Milieu eingehen ebenso wie in qualitativer Hinsicht auf die verschiedenen Standorte mit charakteristischen städtebaulichen Merkmalen und Architekturen. Die Millionenstadt ist keine homogene Einheit, sondern ein aus vielen Orten und über viele Jahrzehnte und Jahrhunderte gewachsenes Gefüge. Und: Hochwertiges Wohnen in der großen Stadt bedarf ebenso individuell ausgestaltbarer wie städtischer Siedlungsformen.

Die Bebauung rund um die Außenalster in der Mitte des 19. Jahrhunderts bietet hierzu interessante Anregungen. Denn sie besteht nicht nur aus freistehenden Villen, sondern auch aus Stadthäusern, die bis heute das Bild von Harvestehude, Teilen von Winterhude und der Uhlenhorst sowie bis zu den Zerstörungen des Zweiten Weltkriegs auch große Abschnitte von Hohenfelde und Eilbek geprägt haben. Ein nicht nur in seiner Entstehungszeit, sondern bis heute äußerst beliebter Gebäudetypus, der sich durch seine ausgeprägte Individualität wesentlich vom Geschosswohnungsbau und dem Reihenhaus der Nachkriegsmoderne unterscheidet, gleichzeitig aber durch seine kompakte Bauweise „von Wand zu Wand", im Unterschied zur freistehenden Villa, städtische Dichte und geschlossene Straßenräume von höchster städtebaulicher Qualität zu formulieren vermag. Trotz vielfältiger, historisch immer wieder neu interpretierter Grundrissgestaltung erlaubt das Stadthaus durch Verwandtschaft in Größe, Proportion und Materialität ein übergeordnetes gestalterisches Bild mit städtebaulicher Gesamtwirkung.

Dahinter steht eine bestimmte Anwendungsform des Prinzips der Reihung, die sich die begrenzten Fähigkeiten des menschlichen Auges zunutze macht, da in der Regel ab der Zahl Fünf nicht mehr die individuellen Merkmale, sondern nur noch die übergeordneten Gemeinsamkeiten „auf den ersten Blick" unterschieden werden können. Die Spezifika der Häuser sind erst bei einem fokussierenden „zweiten Blick" erfassbar, dafür aber für das abwechslungsreiche und vielseitige – und manchmal sogar malerische – Gesamtbild verantwortlich. Dies ist der große Unterschied zur Reihung architektonisch völlig identischer Objekte, wie sie die moderne Architektur häufig in großem Maßstab verfolgt hat. Die sind aber wegen der Wiederholung des immer Gleichen meist „auf den ersten Blick" lesbar und hinterlassen deshalb häufig das Gefühl der Monotonie und Langeweile.

Das Stadthaus nun ist als gereihtes, städtisches Haus mehrgeschossig mit einer oder mehreren Wohnungen und bietet auch die Möglichkeit der Kombination mit einer Büro-, Atelier- oder sogar Ladennutzung im Erd- oder Sockelgeschoss. Es zeichnet sich durch schmale, aber in der Regel recht tiefe Grundrisse aus, was in Abhängigkeit von der Größe der hinteren Gärten auch höhere urbane Dichten ermöglicht, die sich mit einem freistehenden Geschosswohnungsbau durchaus messen können. All das macht diesen Bautypus auch für die aktuelle Diskussion um hohe Wohnqualitäten bei angemessenen städtischen Dichten sehr interessant. Es lag wegen der schon erwähnten historischen Bezüge nahe, ihn im Rahmen einer Neubebauung des früheren Geländes des Pflegeheims Oberaltenallee, das in einem kompakten und nutzerfreundlicheren Neubau an der Finkenau untergekommen ist, zum Thema zu machen.

RENAISSANCE EINER URBANEN IDEE: **DAS STADTHAUS**

Das künftige Quartier orientiert sich an der einstigen gründerzeitlichen Parzellierung; drei Bereiche mit unterschiedlicher Körnung sind ablesbar: Unten links liegt der Altbaukomplex der ehemaligen Frauenklinik, der zur Medienhochschule umgebaut und (in der Zeichnung nach rechts) erweitert wurde. Der Blockcharakter wird in Maßstab und Höhe von Bauten für mehrgeschossiges Wohnen und ein Pflege- und Altenheim aufgenommen (oben links); daneben dann die neuen Stadthauszeilen. Der frühe Plan reflektiert grundsätzliche Körnungs- und Nutzungsabsichten, die dann im Großen und Ganzen aufgenommen und verfeinert wurden.

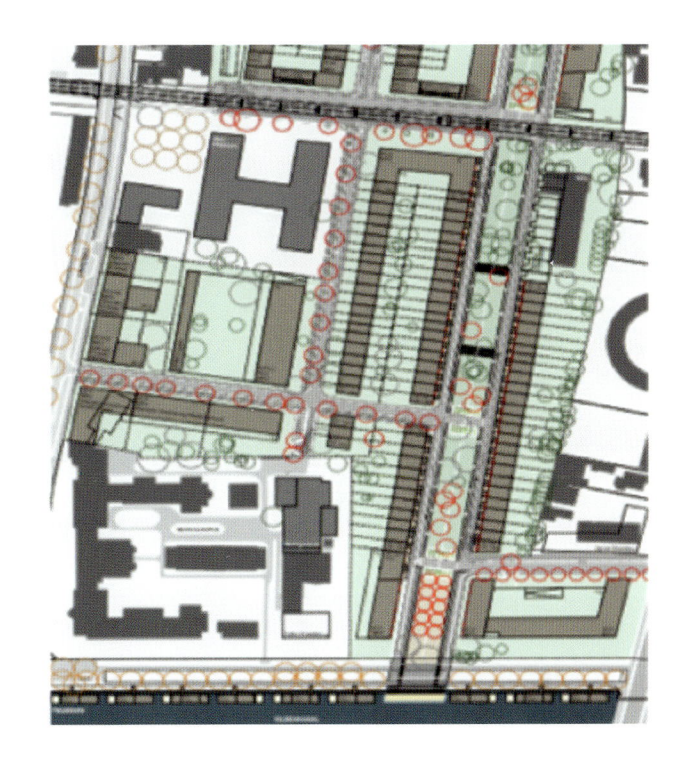

STADTHÄUSER FÜR DIE FINKENAU

Das transformierte, soll heißen neubebaute ehemalige Quartier der Frauenklinik Finkenau liegt abseits verkehrsreicher Straßen im beliebten Stadtteil Uhlenhorst und ist eingebettet in alten Baumbestand, mit direktem Anschluss an den Eilbekkanal. Auf diesem sind in den letzten Jahren sehr innovative, schwimmende Häuser entstanden, die weit über Hamburg hinaus Beachtung gefunden und dem Kanal eine besondere Atmosphäre verliehen haben. Die U-Bahnstationen Mundsburg und Hamburger Straße sind ebenso wie der Kuhmühlenteich und die Außenalster in wenigen Minuten zu Fuß zu erreichen. Mit dem Einkaufszentrum Hamburger Meile steht in unmittelbarer Nachbarschaft ein breites Versorgungsangebot zur Verfügung. Neben einem hervorragenden Schulangebot wird der Standort durch den angrenzenden Kunst- und Mediencampus und die Hochschule für bildende Künste geadelt.

DER MASTERPLAN

Den städtebaulichen und landschaftsplanerischen Wettbewerb gewann im Jahr 2004 ein Entwurf der Arbeitsgemeinschaft Prof. Martinoff Architekt BDA, Braunschweig, und Koeber Landschaftsarchitektur, Stuttgart. Das prämierte Konzept zeichnete sich durch ein einfaches, orthogonales Erschließungskonzept aus, das sich bestens für eine kleinteilige Parzellierung, aber auch für Geschosswohnungsbautypen im Übergang zu den vorhandenen Wohnbebauungen an der Finkenau, der Richardstraße und der Oberaltenallee eignete. Prägendes Element für das städtebauliche Bild ist eine grüne Mittelallee, die mit ihrer großzügigen Atmosphäre die Oberaltenallee ebenso vornehm wie selbstverständlich mit dem Eilbekkanal verbindet und dem ganzen Quartier Halt, Auftritt und Prägnanz verleiht. Eine Straßenraumgestaltung mit städtebaulicher Wirkung, wie man sie heute leider nur noch selten antrifft und die wegen der

Die planungsrechtliche Grundlage für die Bebauung des Quartiers an der Finkenau bildet der Bebauungsplan Uhlenhorst 12. Er sieht für die Stadthäuser eine Bauweise von maximal drei Geschossen verbindlich vor, wobei sowohl ein Staffelgeschoss als auch ein Erker zur Straßenseite möglich sein sollen. Außerdem sollen die Fassaden mehrheitlich aus Klinker bestehen. Auch die maximale Breite der Stadthäuser und andere Parameter werden festgelegt.

Der gängige Gebäudetyp mit einer Tiefe von maximal 13 Metern auf einer Mittelparzelle kann durch verschiedene Grundstücksbreiten und eine unterschiedliche Anzahl an Wohnungen variiert werden.

Einordnungsschwierigkeiten in das kompliziert ausdifferenzierte Regularien- und Zuständigkeitsgerüst der Fachbehörden – handelt es sich um Straßenverkehrs-, Grün-, Spiel-, oder Retentionsfläche? – für einige Verzögerungen im Bebauungsplanverfahren gesorgt hat. Entscheidender war für dessen Langwierigkeit allerdings die notwendige Erfassung der vorhandenen Fledermaushabitate, von denen für die geschützte Rauhhautfledermaus *pipistrellus nathusii* und die Zwergfledermaus *pipistrellus pipistrellus* erst geeignete Ausweichmöglichkeiten gefunden werden mussten.

Nachdem diese Schwierigkeiten schließlich überwunden waren, kam es in Vorbereitung der Grundstücksausschreibungen zunächst darauf an, das Stadthaus mit seinen spezifischen Eigenschaften und Möglichkeiten wieder stärker ins Bewusstsein zu rücken und insbesondere geeignete Typen für die Bebauung an der Finkenau zu identifizieren. Das Bezirksamt Hamburg-Nord hat hierzu im Jahr 2011 sechs Architekten um Testentwürfe gebeten, die die Rahmenvorgaben zur maximalen Gebäudebreite und -tiefe, zur Geschosszahl sowie zur Integration eines Stellplatzes im Haus

RENAISSANCE EINER URBANEN IDEE: **DAS STADTHAUS**

überprüfen, vor allem aber möglichen Bauherren Ideen und Anregungen für das gesuchte Produkt geben sollten. Diese in Form einer Broschüre publizierten Testentwürfe waren dann im Jahr 2013 Grundlage einer Immobilienausschreibung durch den Landesbetrieb Immobilienmanagement und Grundvermögen, die für das Baufeld 8 schließlich zu einer Vergabe an die in diesem Buch ausführlich dokumentierten Stadthäuser der wph Wohnbau und Projektentwicklung Hamburg GmbH führte.

Die Bewerbung zeichnete sich durch sechs sehr unterschiedliche, aber architektonisch höchst ambitionierte Stadthaustypen der Büros Baumschlager Eberle, LA'KET, Kraus Schönberg, Heitmann Montúfar, TCHOBAN VOSS und Spengler Wiescholek aus, die in unregelmäßiger Reihung, Höhen- und Tiefenstaffelung, Variationen in der Breite und der Verwendung von Ziegelsteinen ein besonders hochwertiges und vorbildliches Beispiel für den Variantenreichtum des Stadthauses präsentierten. Gepaart mit einer durchdachten Freiraumplanung der Büros Breimann & Bruun und schoppe+partner für die Vorzonen und Gärten zeigen sie aber nicht nur die Möglichkeiten für unterschiedliche Wohnwünsche und Haushaltsgrößen auf, sondern schaffen auch eine Ensemblewirkung aus der Gemeinschaft der Häuser, die trotz der Individualität der Bausteine ein charakteristisches Gesamtbild erzeugen.

Und selbst in Kombination mit den angrenzenden, aber ebenfalls in der Reihe differenzierten Geschosswohnungsbauten, die den städtebaulichen Kontext zu den bestehenden Nachbarschaften herstellen, entstehen keine Brüche, sondern einleuchtende Übergänge, die das neue Quartier an der Finkenau ganz selbstverständlich in den größeren Stadtzusammenhang einweben. So ist ein nachahmenswertes Vorbild auch für andere und größere städtebauliche Aufgaben geschaffen worden.

Die östliche Bebauung entlang des Dorothea-Bernstein-Wegs, die sogenannten upTownhouses, bildet den ersten Teil des Stadthausauftritts an der Finkenau. Schon jetzt, kurz nach Fertigstellung und Erstbezug, ist sehr anschaulich zu begreifen, wie der gute alte Typus eines modifizierten Reihenhauses ein ganz besonderes Stadtmilieu generiert: mit grünen Freiräumen, die die Grenze zwischen öffentlichem und privatem Raum zum Fließen bringen, was auch die Grundbedingung für städtisches Zusammenleben ist.

Ursprüngliche Renderings zu den upTownhouses: Wie genau sie umgesetzt worden sind, zeigt dieses Buch.

II.
DIE ARCHITEKTEN

TIM PHILIPP **BRENDEL**
Architektur ist Leidenschaft **und in Leidenschaft steckt Leiden!**

JENS **HEITMANN**
CARLOS **MONTÚFAR**
Stadthaus oder **Eigentumswohnung?**

TOBIAS **KRAUS**
TIMM **SCHÖNBERG**
Mäandernder **Wohnraum**

DAVID **LAGEMANN**
TIM **KETTLER**
Schichtung und **Balance**

INGRID **SPENGLER**
MANFRED **WIESCHOLEK**
Wohnen in der **Stadt**

FRANK **FOCKE**
Zwischen Schumacher und Bleicherhäusern **– von Winterhude in die Finkenau**

JOCHEN **MEYER**
Gute Freiraumgestaltung steigert **die städtische Lebensqualität**

JULIAN **HAMPERL**
Aus 26 Häusern wird **eine Straßenzeile**

ARCHITEKTUR IST LEIDENSCHAFT
UND IN LEIDENSCHAFT STECKT LEIDEN!

TIM PHILIPP **BRENDEL**
BAUMSCHLAGER EBERLE
ARCHITEKTEN, HAMBURG

„Ein Bauwerk aus unserem Hause ist geprägt und wird entscheidend geleitet vom Kontext des Ortes. Es steht am Ende eines wertschöpfenden Prozesses auf der Basis städtebaulicher, typologischer und baukonstruktiver Aspekte."

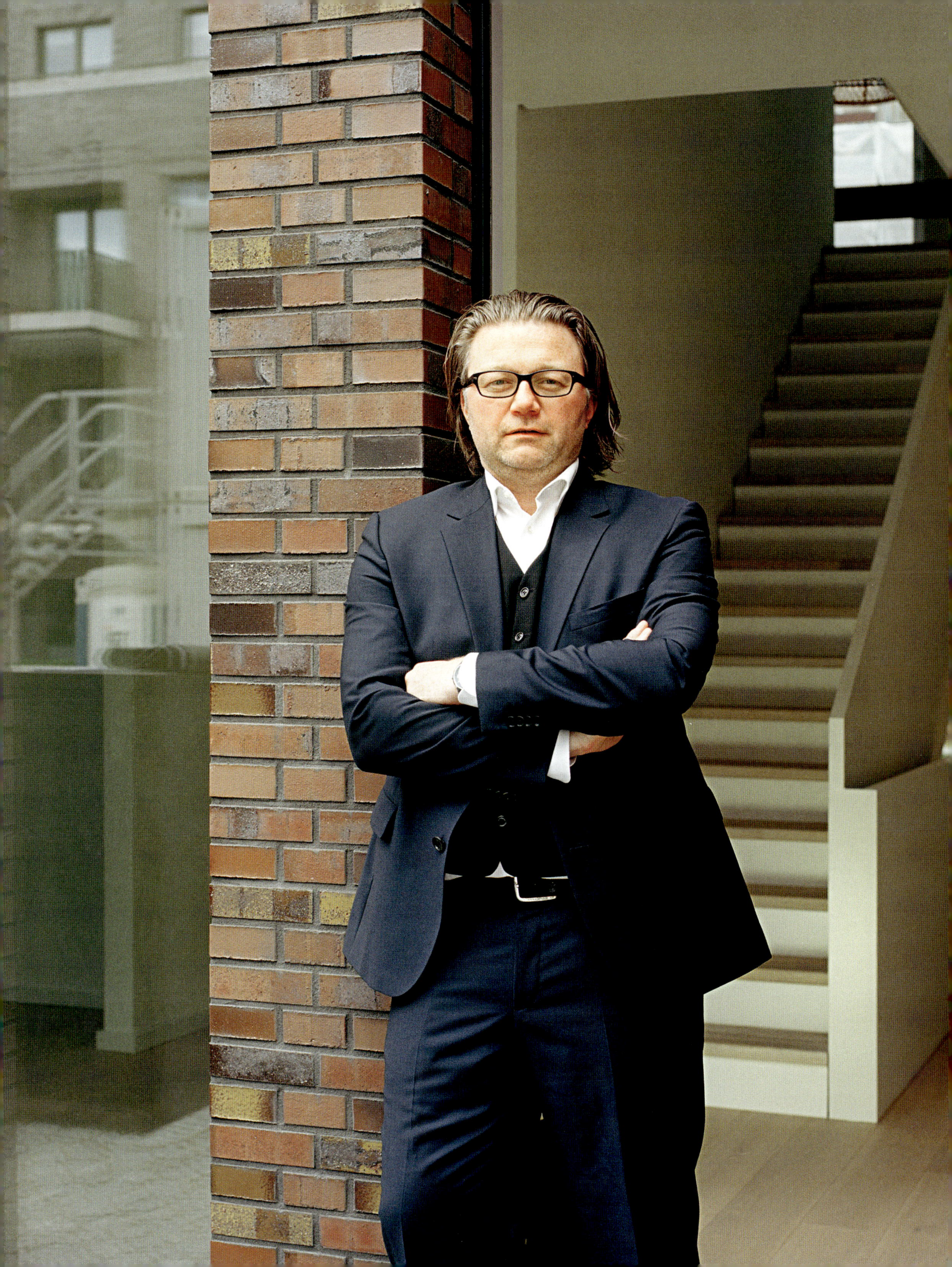

BÜRO**PHILOSOPHIE**

1985 gründen die österreichischen Architekten Carlo Baumschlager und Dietmar Eberle in Bregenz, Vorarlberg, eine Arbeitsgemeinschaft. Es ist der Beginn für ein bald weltweit agierendes Architekturbüro, das sich zwischen der Neuinterpretation einer einfachen alpinen Architektur und der Forderung nach Nachhaltigkeit bewegt. Bereits in den ersten Jahren werden neben Einfamilienhäusern innovative Konzepte für Büro- und Verwaltungsbauten umgesetzt, die in kurzer Zeit über die regionalen Grenzen hinaus Beachtung finden – so auch ein attraktives gläsernes Energiespar-Bürohaus am Sandtorpark in der Hamburger HafenCity. Für **Baumschlager Eberle Architekten** ist die Präsenz am Ort des Bauens notwendig. Aus der Haltung „think global, act local" resultiert schließlich die Entwicklung von **Baumschlager Eberle Architekten** zu einem Netzwerk autonomer Büroeinheiten mit Niederlassungen, unter anderem in Wien (1999), Zürich (2007), Hongkong (2008), Berlin (2010), Hanoi (2011), Paris (2012) und Hamburg (2013). **Baumschlager Eberle Architekten** wachsen kontinuierlich und beschäftigen heute etwa 185 Mitarbeiter.

Tim Philipp Brendel | *1972
(Geschäftsleitender Gesellschafter) leitet das Hamburger Büro von Baumschlager Eberle Architekten. Architekturstudium an der FH Bochum 1999/2000; Büro- und Projektleitung bei Massimiliano Fuksas Architecture, 2000–05 in Rom, Paris, Frankfurt. Seit 2005 bei Baumschlager Eberle Architekten.

DIE **ARCHITEKTEN**

AUSGESUCHTE **PROJEKTE**

Modern und trotzdem an die Topografie angepasst: Wohnungsbau in St. Gallen, Schweiz

Nachhaltig und energieeffizient: Bürohaus in der Hamburger HafenCity am Sandtorpark

Mit der Landschaft denken: Fensterdetail Wohnhaus in Lochau, Österreich

„Nachhaltigkeit bedeutet bei Baumschlager Eberle neben der Betrachtung energetischer Aspekte insbesondere auch das Ausloten ästhetischer, sozialer und kultureller Werte. Erst eine Architektur, die von Nutzern und Passanten geachtet und im wörtlichen Sinne wertgeschätzt wird, hat langfristig Bestand und ist damit auf besondere Weise nachhaltig."

ENTWURF

Die Entwürfe für die drei Stadthäuser von Baumschlager Eberle Architekten basieren auf einem klaren Gestaltungsraster und folgen alle derselben Struktur und Ordnung. Die Fassaden sind einfach und gleichzeitig raffiniert komponiert. Das historische Stadthaus lebt, wie es weit bis ins 20. Jahrhundert hinein gesetzmäßig war, von der traditionellen Gliederung in Sockel, Mittelzone mit der Beletage und Dachgeschoss. Diese Häuser nehmen das Prinzip in einer modernen Interpretation auf. Im Erdgeschoss äußert sich das durch bodentiefe Fenster oder die Garagentore, die den Sockel markieren. Das Dachgeschoss staffelt sich nach hinten und mit dem Spiel der offenen und geschlossenen Flächen entsteht ein eigenwilliges Hausgesicht. Eine geänderte Auffassung der Fensterstellungen reicht schon aus, um drei sichtbare Varianten des Grundtyps zu generieren.

Der zentral positionierte Technik- und Erschließungskern ermöglicht eine hohe Variabilität in der Grundrissgestaltung. Alles ist möglich.

Letztendlich bleibt es dem Käufer überlassen, seine Räumlichkeiten individuell zu komponieren, sie geschlossen zu halten oder ineinanderfließen zu lassen, sie zu separieren oder zusammenzulegen.

STATEMENT

1. Die Analyse des konkreten Ortes ist Voraussetzung, um die bestmögliche Passung eines neuen Gebäudes zu erreichen. Die Reflexion über das Vorhandene mündet insgesamt in ein Regelwerk für Außenräume und Gebäude. Es sollen also keine „einzigartigen" Großformen fixiert werden, sondern Elemente, die sich im Zusammenspiel ergänzen.

2. Neue Bauten sollen Identitäten für den Ort bilden, nicht für den Architekten: Ihre Hüllen müssen als Metaphern ernst genommen werden, um jene soziale und kulturelle Akzeptanz herzustellen, die für die Langlebigkeit von Gebäuden verantwortlich zeichnet. Oder anders formuliert: Wenn die Hülle etwas mit „Bekleidung" zu tun hat, dann wollen Baumschlager Eberle Architekten „Fassaden" entwickeln. Denn diese stehen für das „Gesicht" der Gebäude und damit für die nonverbale Kommunikation der Physiognomie.

3. Baumschlager Eberle Architekten planen „von innen nach außen" und wollen Bauten entwickeln, die ökonomisch, technisch und emotional nachhaltig sind. Sie sollen sich fortwährend neuen Nutzungen anpassen. Dabei soll der Entwurf von einem optimierten Spannungsfeld zwischen Hülle, Erschließung und (Primär-)Konstruktion profitieren. Baumschlager Eberle Architekten wollen noch mehr: Ihre Architektur soll Gebäude generieren, deren Raumklimata vorweg so konstituiert werden, dass aufwendige Haustechnik überflüssig wird.

DIE **ARCHITEKTEN**

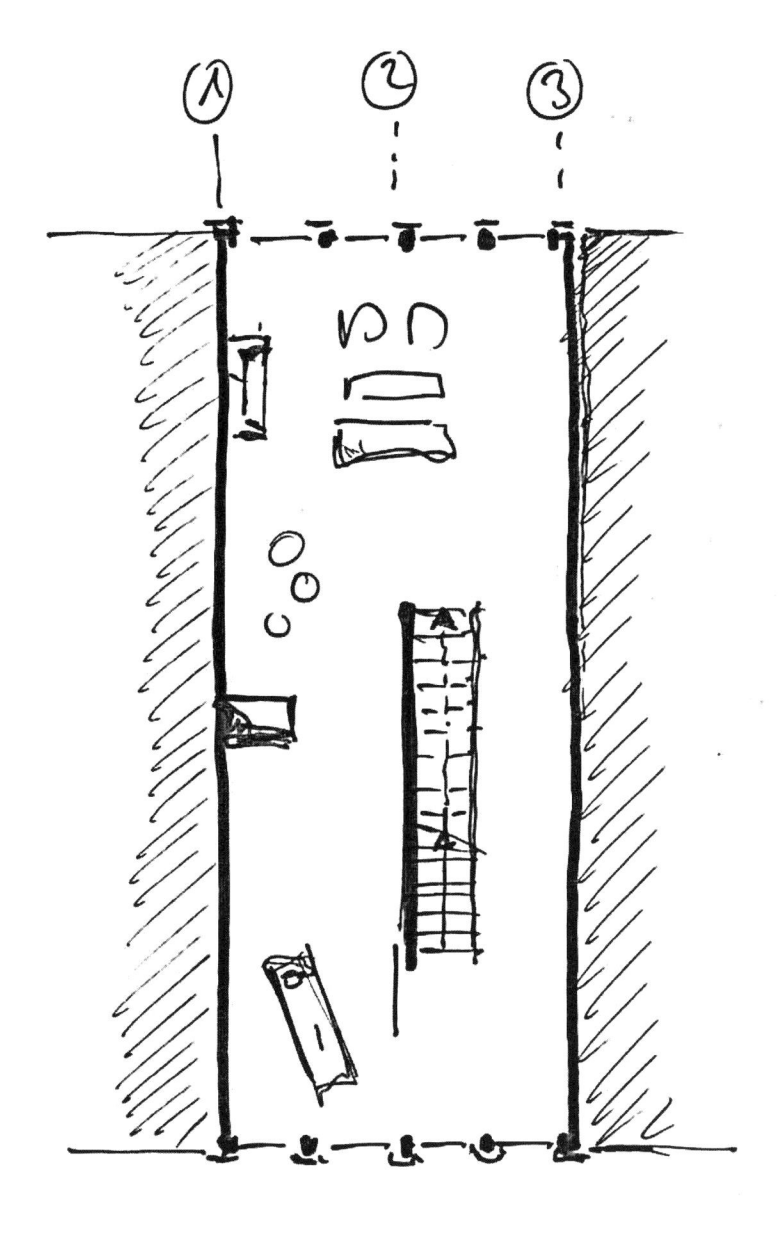

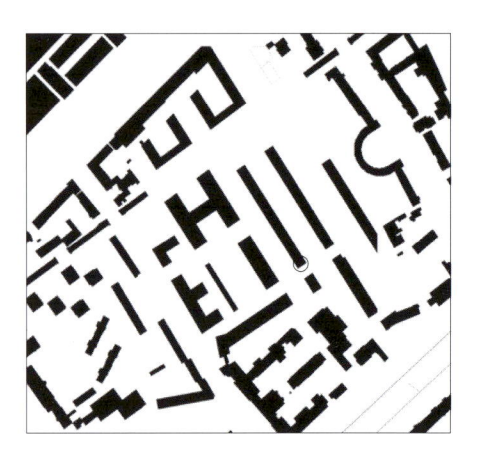

Oben: Schematischer Schwarzplan der neuen Finkenau: geprägt durch Blockrandbebauungen
Unten links: Schnitt von der Straße zum Garten gesehen (Beispiel: Haus 22)

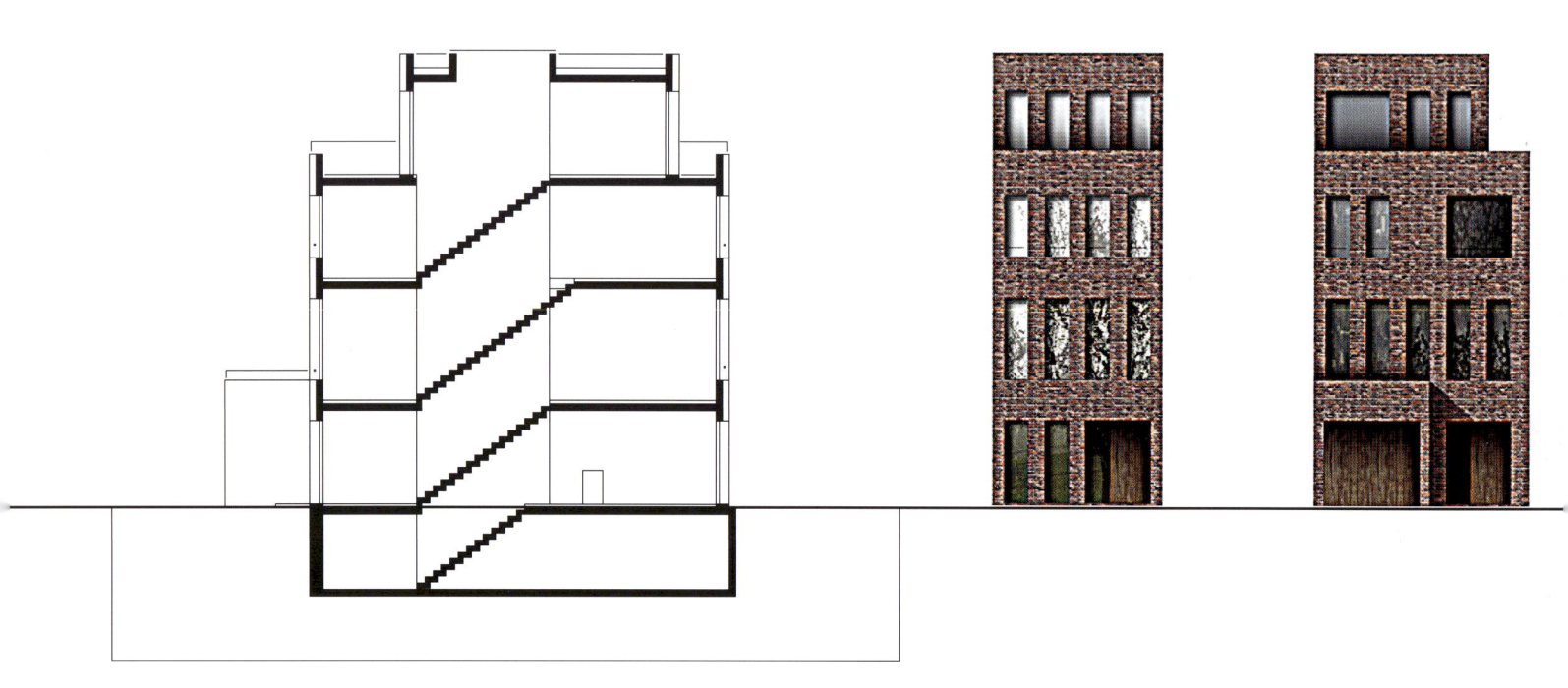

DIE **ARCHITEKTEN**

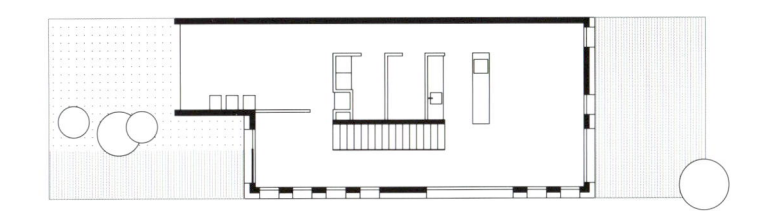

Oben: Grundrissidee: die Treppe im Mittelpunkt
Unten: Deutlich wird die Dreiteilung der Fassade an den Straßenfassaden: bodentiefe Fenster im Sockel; große Fenster in der Beletage; eingezogene Dachstaffel

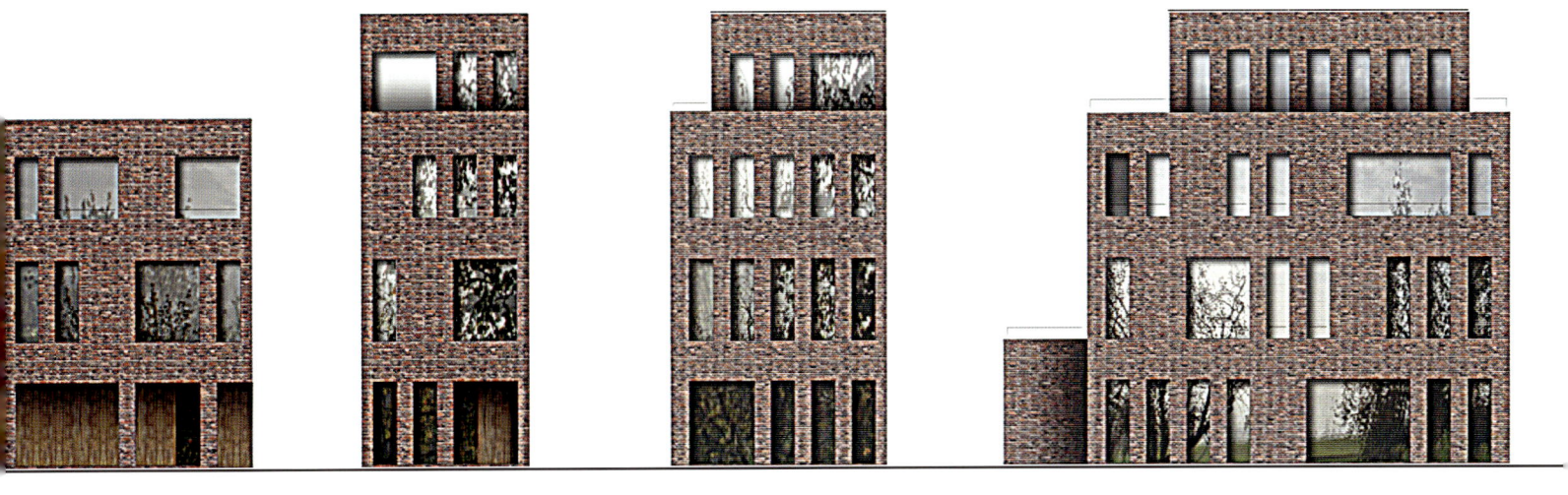

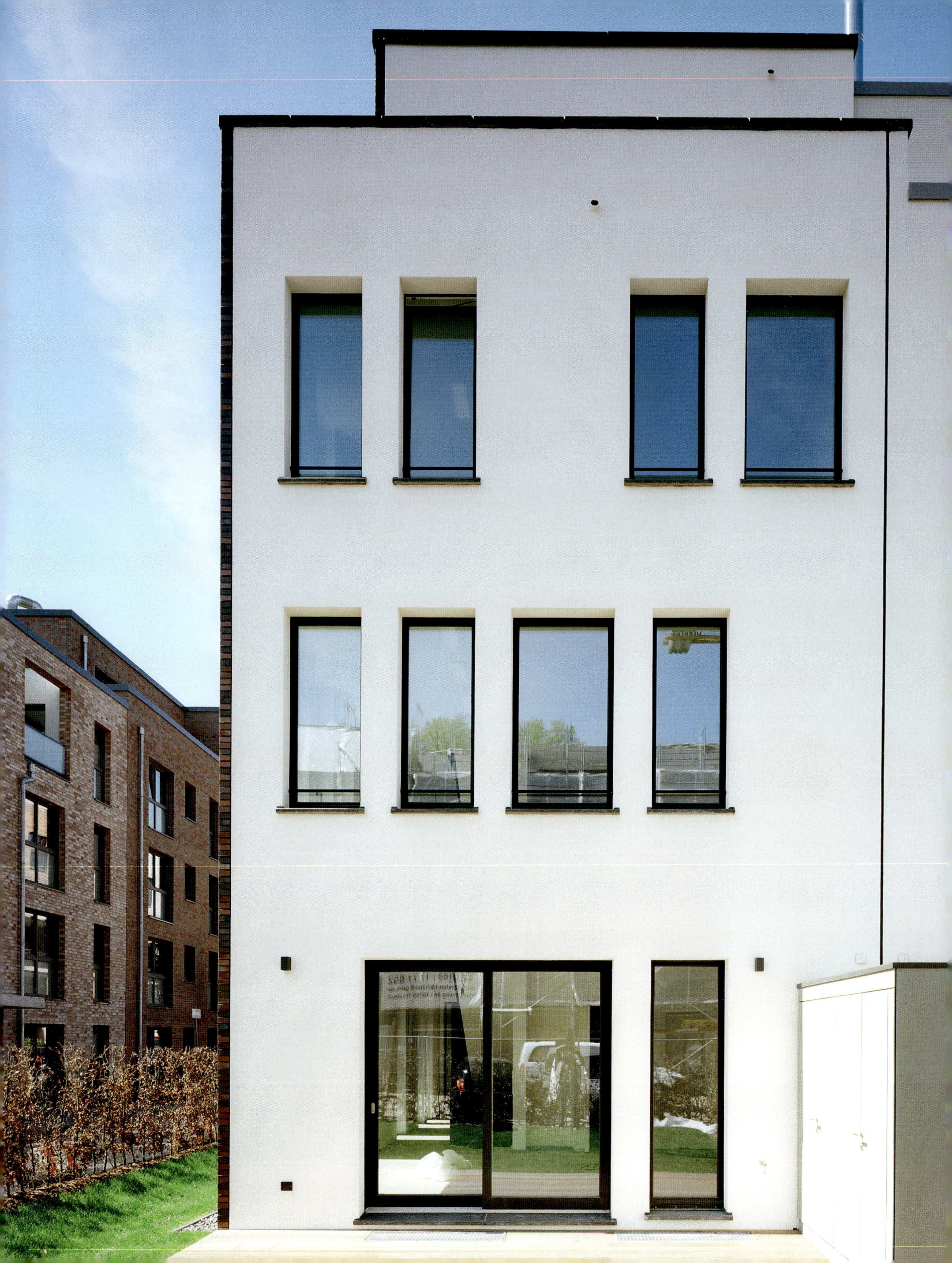

DIE **ARCHITEKTEN**

STADTHAUS ODER
EIGENTUMSWOHNUNG?

JENS **HEITMANN**
CARLOS **MONTÚFAR**
HEITMANN MONTÚFAR
ARCHITEKTEN, HAMBURG

„Das Stadthaus bietet eine Kombination aus Urbanität, Großzügigkeit und Wohnqualität, wie sie in der Stadt nur wenig vorhanden sind. Es vermittelt den Bewohnern ein Gefühl von Eigenständigkeit und Unabhängigkeit."

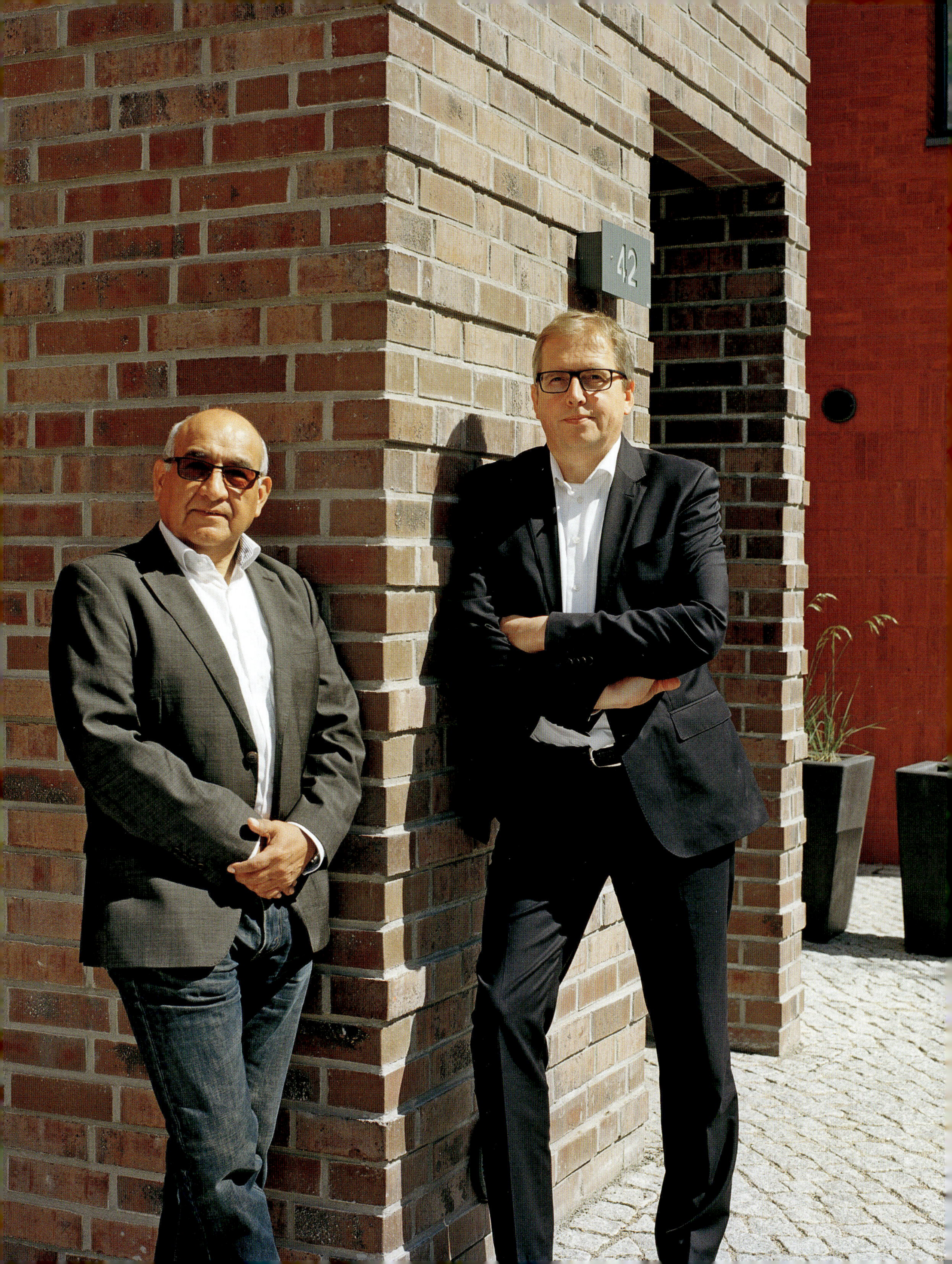
42

BÜRO**PHILOSOPHIE**

Heitmann Montúfar Architekten entstand 2012 aus dem bereits 1960 in Hamburg gegründeten Büro NHM. Von der perspektivischen Nutzungsentwicklung und Flächenmaximierung größerer Grundstücksareale über die Planung und Betreuung von Bauvorhaben für alle Leistungsphasen bis zum innenarchitektonischen Detail bieten **Heitmann Montúfar Architekten** umfassende und individuell zugeschnittene Lösungen. Schon im Entwurf erfolgt ein ständiger Austausch der Planung mit dem Ausschreibungs- und Bauleitungsteam. Die langfristige Beratung und Unterstützung der Bauherren in allen Immobilienfragen bilden den Kern der Tätigkeit von **Heitmann Montúfar Architekten**.

„Durch das enorme Bevölkerungswachstum in Metropolen wie Hamburg sind Architekten gefragt und in der Verantwortung, darauf zu reagieren und Wohnraum zu schaffen. Architektur ist ein ständiger Prozess, repräsentiert und orientiert sich an den sozialen Gegebenheiten. Wichtig ist es, bei Neubauten und der Verdichtung die bereits vorhandenen städtebaulichen Strukturen zu berücksichtigen und aufrechtzuerhalten. Die Stadt und ihre einzelnen Stadtteile sollen dabei nicht ihre Identität verlieren. Die Form der Gebäude, die Geschossigkeit, die Materialität und andere Faktoren sind bei der Planung einzubeziehen!"

Heitmann Montúfar Architekten

Jens Heitmann | * 1965
Dipl.-Ing. Architektur
Carlos Montúfar | * 1957
Dipl.-Ing. Architektur

DIE **ARCHITEKTEN**

AUSGESUCHTE **PROJEKTE**

Wohnungsbauprojekt in Hamburg: Sonninstraße und Glasbläserhöfe (unten)

ENTWURF

Ein Haus in klassischer Hamburger Kleiderordnung. Die kantige Architektur wird an der Straße durch rote Klinkermaterialien mit variablen Verbänden, Vorsätzen und abgesetzten Läuferschichten umschmeichelt. Die Stadthäuser besitzen drei Vollgeschosse und ein Staffelgeschoss – so wie in der Reihe am Dorothea-Bernstein-Weg üblich. Offen, elegant und lichtdurchflutet entwickelt sich das Haus aus seiner Mitte. Das zentrale Treppenhaus besitzt große eigenständige Wohnqualität als eine Verbindung unterschiedlicher Nutzungsebenen. Ein zeitgemäßer Vorschlag ist die eigene Kinderebene im ersten Obergeschoss – die Räume der Eltern liegen ein Geschoss höher. Durchdachte Raumzusammenhänge steigern nicht nur das Wohnerlebnis, sondern auch die Praktikabilität – so der begehbare Kleiderschrank, der geschickt zwischen Bad und Bett eingebaut ist. Das Staffelgeschoss wird als Haus im Haus begriffen – über den Dächern mit Dachterrasse, die den Garten unten beinahe überflüssig erscheinen lässt.

INTERVIEW

Stadthaus oder Eigentumswohnung?

Stadthäuser benötigen in der Regel wenig Grundfläche, entwickeln dafür Höhe.
Sie sind eine Möglichkeit, in der Stadt auf kleiner Fläche den Traum vom Eigenheim zu verwirklichen. Aufgrund der steigenden Immobilienpreise gerade in den zentralen Gebieten ist dieser Traum allerdings nicht für jedermann erschwinglich. Die Bewohner von Stadthäusern genießen also ein gewisses Privileg beziehungsweise betreiben einen hohen Aufwand, der Architekten und Projektentwickler in die Pflicht nimmt, eine hohe Wohn- und Lebensqualität im Stadthaus zu schaffen.

Was sind die typologischen Vor- und Nachteile?

Stadthäuser verfügen über einen privaten Eingang und in den meisten Fällen auch über eine Terrasse und eine Gartenfläche – erreichen sozusagen viele Eigenschaften des freistehenden Einfamilienhauses. Da nur maximal zwei Nachbarhäuser angrenzen und jedes Haus für sich funktioniert, ist die Lärmbelastung gering. Eigentumswohnungen sind in der Regel auf einer Ebene aufgeteilt und bezogen auf das Thema Barrierefreiheit vorteilhaft. Im Stadthaus müssen aufwendige Rampen, Treppenlifte oder Aufzüge diesen Makel ausgleichen. Dafür gibt es in Eigentumswohnungen keine großen Möglichkeiten, die Wohnung funktionsmäßig zu unterteilen. Auch verfügen Eigentumswohnungen, vor allem im Zentrum oder in zentrumsnahen Stadtteilen, meist nur über einen Balkon. Die Eingangszonen werden von allen Parteien für zum Beispiel Kinderwagen- und Fahrradstellplätze benutzt. Das ist nicht immer optimal für alle.

Das Resümee?

Das Stadthaus bietet eine Kombination aus Urbanität, Großzügigkeit und Wohnqualität, wie sie im Geschosswohnungsbau nur wenig vorhanden ist. Es vermittelt den Bewohnern ein Gefühl von Privatheit, Eigenständigkeit, Unabhängigkeit – und Wertigkeit, die je nach Lage ihren Preis hat. Die Finkenau ist sozusagen ein Modellvorhaben. Zentrale freie Flächen sind in einer Großstadt nicht mehr leicht zu finden, sondern eher Mangelware. Aus diesem Grund wird teilweise auch auf Flächen zurückgegriffen, die zunächst nicht als Wohngebiet vorgesehen waren. Dort ist in der Regel nicht die notwendige Infrastruktur eines Wohngebiets vorhanden. Bei der Finkenau ist das Gegenteil der Fall. Dies war eine echte Herausforderung für die teilnehmenden Architekten. Wir haben einen Weg gefunden, der die Vorteile einer innerstädtischen Eigentumswohnung und eines Eigenheims vereint.

DIE ARCHITEKTEN

TERRASSE

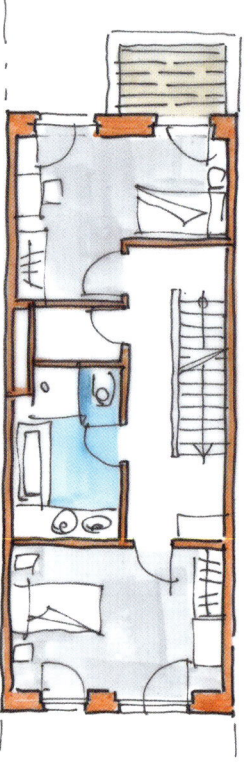

DIE **ARCHITEKTEN**

Am Anfang steht die Freiheit der Idee und der Skizze: Perspektiven und Grundrisse

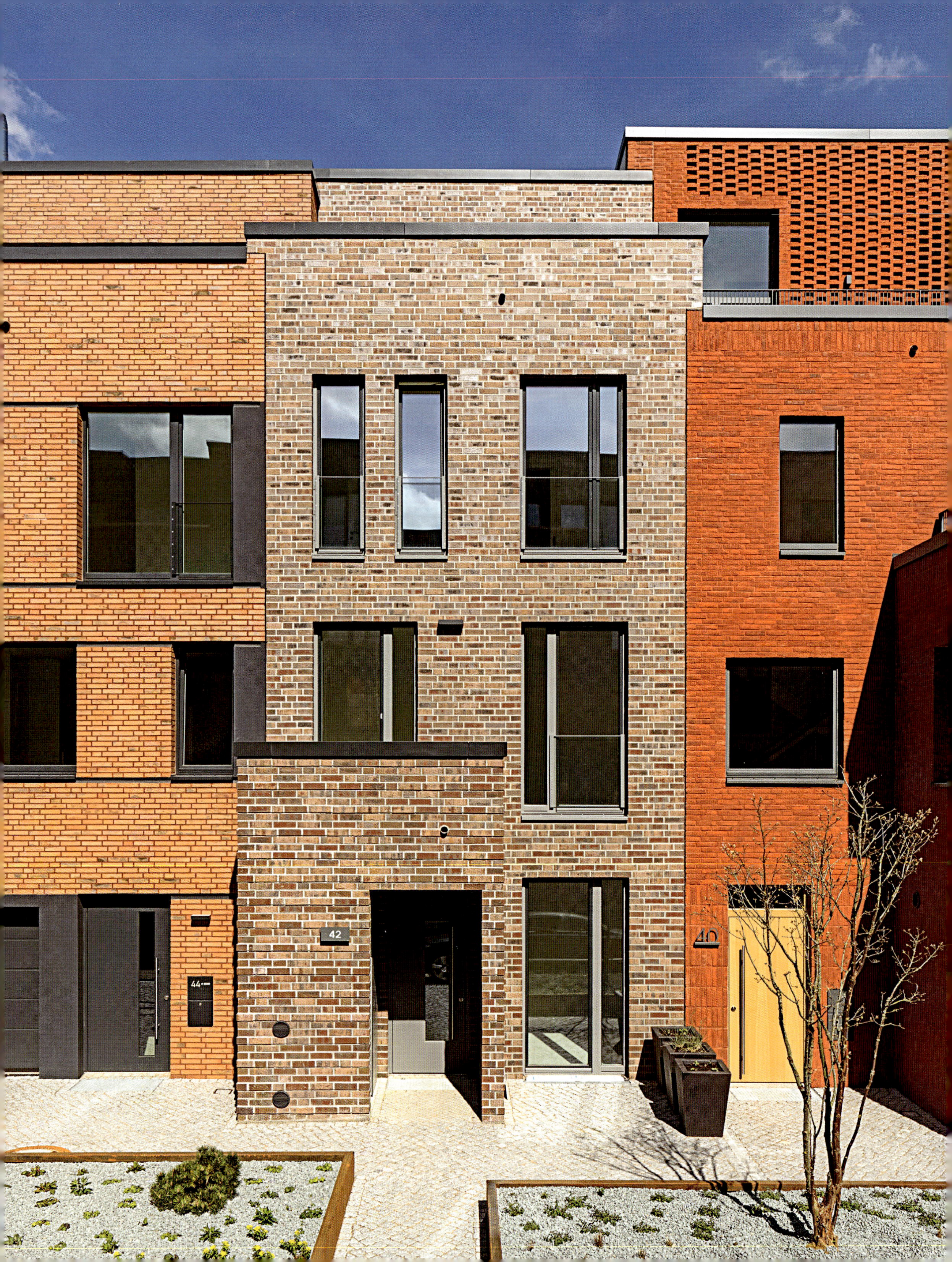
44
42
40

DIE **ARCHITEKTEN**

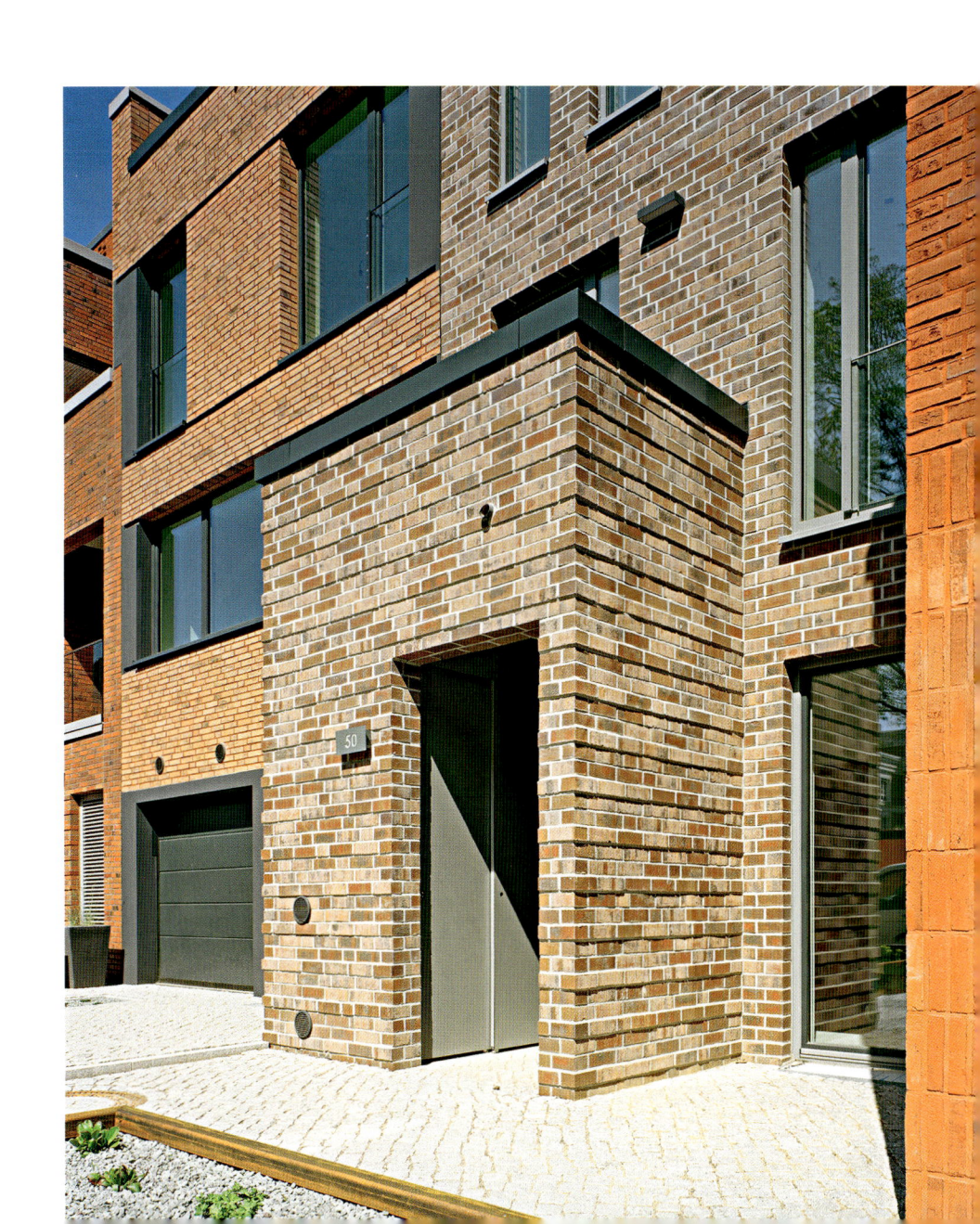

MÄANDERNDER
WOHNRAUM

TOBIAS **KRAUS**
TIMM **SCHÖNBERG**
KRAUS SCHÖNBERG,
HAMBURG UND KONSTANZ

„Die Geringhaltung des Energieaufwands durch den Einsatz von erneuerbarer Energieversorgung und der sparsame Umgang mit Ressourcen in der Konstruktion sind die Basis von zukunftsfähiger Architektur."

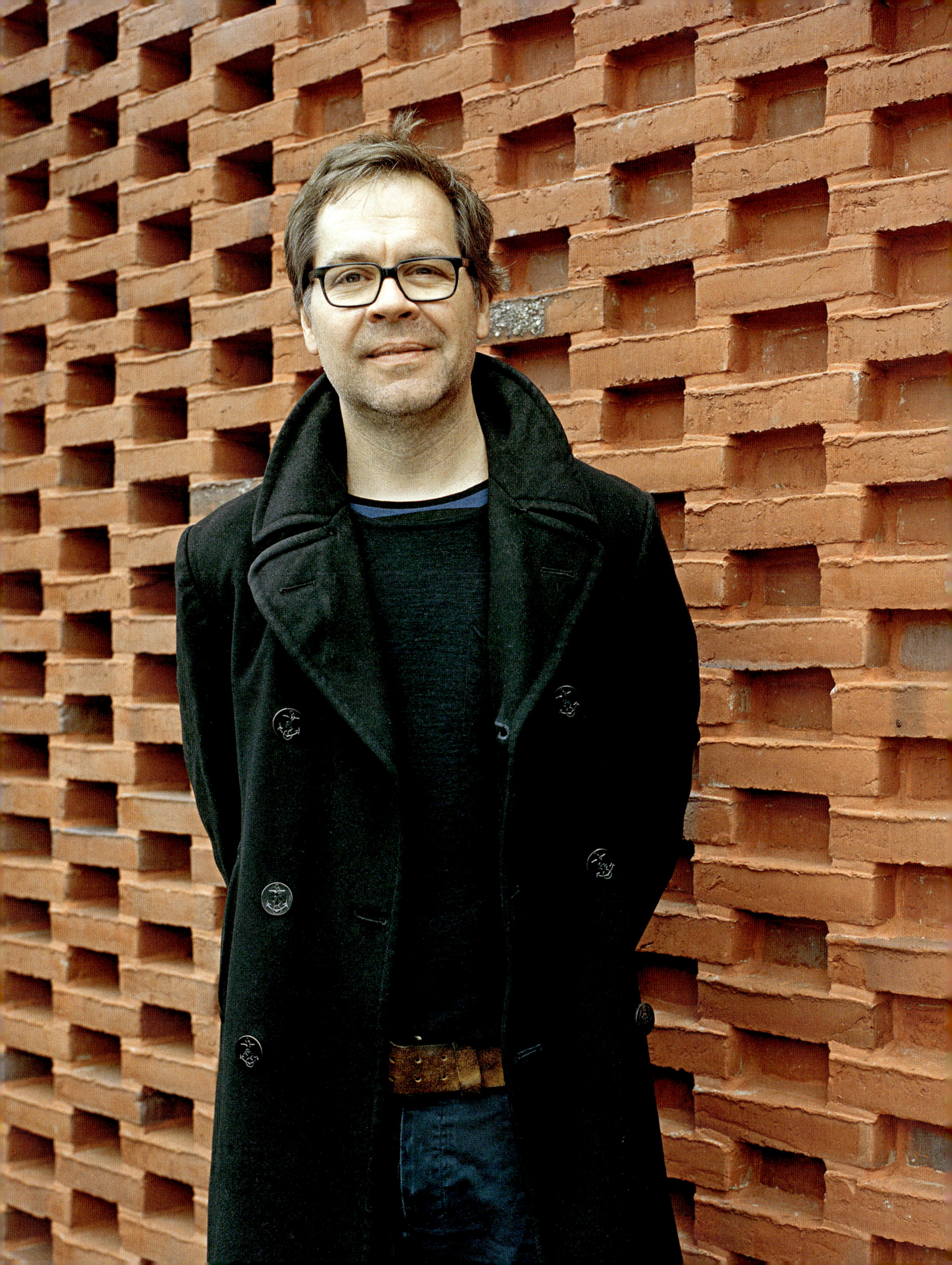

BÜRO**PHILOSOPHIE**

Kraus Schönberg bauen in der Stadt, für die Kultur der Städter. Sie tun das sowohl für öffentliche als auch für private und gewerbliche Bauherren, also für alle. Schwerpunkt ist – aus gegebenem Anlass – die Arbeit inmitten historischer Bausubstanz und die Konversion von Industriebrachen, also die Stadterneuerung so wie in der Finkenau. Im Fokus steht auch der Nutzer mit seinen spezifischen Gewohnheiten, Gesetzmäßigkeiten und Parametern. Daraus ergibt sich die Logik des gemeinsamen Findens und Erfindens mit Klienten und Bewohnern, die in situ passen. Nicht künstlerische Innovation um jeden Preis, sondern preiswerte, funktionierende Planung des Raums um der Angemessenheit willen.

Tobias Kraus | *1969
Dipl.-Ing. Architektur
Studium der Architektur an der Hochschule der Künste in Berlin, der Ecola Technica Superior d'Arquitectura in Barcelona und der Ecole d'architecture de la Villette in Paris. Er arbeitete auch in Frankreich, Spanien und den USA.

Timm Schönberg | *1971
Dipl.-Ing. Architektur, RIBA, Dipl.-Ing.
Studium der Architektur und des Bauingenieurwesens an der RWTH Aachen. Schönberg arbeitete auch in England und den USA.
Gründung von Kraus Schönberg 2006 in London und Konstanz, jetzt Hamburg und Konstanz.

DIE **ARCHITEKTEN**

AUSGESUCHTE **PROJEKTE**

Der Kinderkreisel in den Walddörfern im Hamburger Nordosten ist eine Krippe für Kinder bis zu drei Jahren, in einer Lebensphase also, in der der Mensch zwar nur einen geringen Radius der Beweglichkeit hat, aber lebensprägende Erfahrungen macht. Der Kinderkreisel bildet eine Art Beziehungskiste für Kinder zur Natur oder, um es mit den Worten der Architekten zu sagen, er enthält in der Mitte des Hauses eine Vitrine, die Fenster zum Garten und Wald besitzt.

Einfamilienhaus, Hamburg, 2007. Wohn- und Küchenbereich sind halbgeschossig in den Boden abgesenkt.

ENTWURF

Die Straßenansicht zeichnet sich durch viele Vor- und Rücksprünge aus, weil die Fassade dadurch die Möglichkeit eröffnet, von verschiedenen Positionen aus über eine lange Tageszeit den Sonneneinfall zu genießen. Zusätzlich sorgt ein nicht durchgängig verlegter Läuferverband in der Klinkerfassade dafür, dass noch mehr Licht tief ins Haus fällt.

Der Vorschlag von Kraus Schönberg bietet in der Tradition des norddeutschen Stadthauses großzügig bemessene Wohnräume, die vertikal organisiert sind. Die Treppe hat in diesem Konzept die Schlüsselrolle als hauptsächliches vertikales Verbindungselement zu übernehmen. Für die Architekten besitzt es höchste Priorität, die Räume auf schönste und spannendste Art zu verbinden und so den gesamten Raum des Hauses erfahrbar zu machen.

Eine frei gestaltete Treppe zieht sich deswegen kaskadenartig durch dieses upTownhouse und löst die schwierige Aufgabe, auch bei dem hier sehr tiefen Grundriss überall Licht hineinzulassen. Die Treppe verknüpft die Küche im Erdgeschoss mit dem Wohnraum im Piano Nobile und weiter im zweiten Mezzanin mit der Lounge und schließlich der Dachterrasse ganz oben: abwechslungsreiche Wohnerlebnisse, die eine Eigentumswohnung nicht bieten kann, und sei sie noch so luxuriös.

Das Haus zelebriert den Wechsel von Privatem, Individuellem zum Kollektiven der jeweiligen Wohngruppe. Diese besteht heute nicht mehr unbedingt aus der klassischen Familie mit Eltern und Kindern allein, sondern wird auch von Patchwork über Mehrgenerationen sehr viele Facetten bespielen.

STATEMENT

„Entwerfen ist aufwendig, manchmal auch anstrengend und jeweils mit einer neuen präzisen Analyse verbunden. Doch am Ende wollen wir eine mit Sorgfalt erreichte Reflexion des Verhältnisses von Haus, Raum und Detail zu seinem Umfeld erreichen. Und wir schaffen das auch. Der Aufwand wird belohnt; es entsteht Schönheit durch Nachhaltigkeit in der Benutzbarkeit und durch Durabilität."

DIE **ARCHITEKTEN**

Stadthäuser sind vertikal und so wie ein Bücherregal organisiert: in Schichten. In einem Stadthaus übernehmen dann raffinierte Treppen die Verbindung (linke Seite).

76

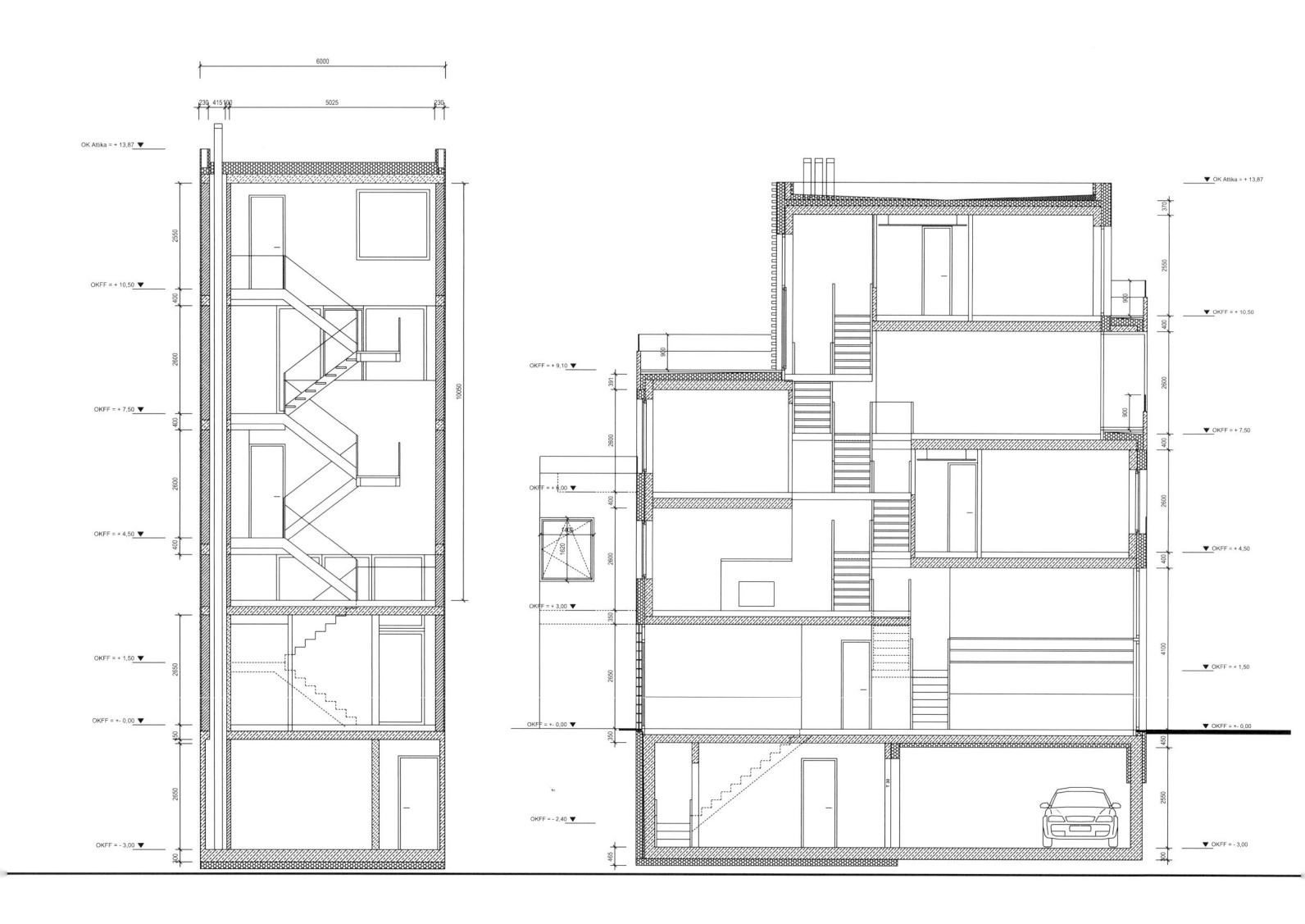

DIE **ARCHITEKTEN**

ATTIKABLECH
Titanzink

LOCHFASSADE: Klinker vor Klinkerriemchen Janinhoff MSZ GR rot nuanciert (NEU)
Dünnformat 240 x 115 x 52 mm
Fugen entsprechend eingefärbt (z.B.: Sakret)
Lochfassade: Überdeckung des max. Wandausschnitts!

STABGELÄNDER, HANDLAUF
40 x 8 mm, rundstab d = 10 mm , verzinkt

VERBLECHUNG
Titanzink

KLINKERRIEMCHEN - FASSADE
Janinhoff MSZ GR rot nuanciert (NEU)
Dünnformat 240 x 20 x 52 mm
Fugen entsprechend eingefärbt (z.B.: Sakret)

FENSTER
Holz Fenstersystem - Festverglasung und
Dreh - Kipp - Flügel
außen: RAL 3005
innen: RAL 9010

HAUSTÜRBELECUHTUNG
LED - Band in Türsturz eingelegt

HAUSNUMMER
Schrifttyp Akzident-Grotesk BQ Light h = 175 / Stahl verzinkt

KLINGEL
rund, konkav, Druckknopf Edelstahl gebürstet

BRIEFSCHLITZ
Klappe aus Holz passend zur Tür

HAUSEINGANGSTÜR / FLÜGELTOR
Holz Eiche, Passivhausstandard mit elektr. Öffner

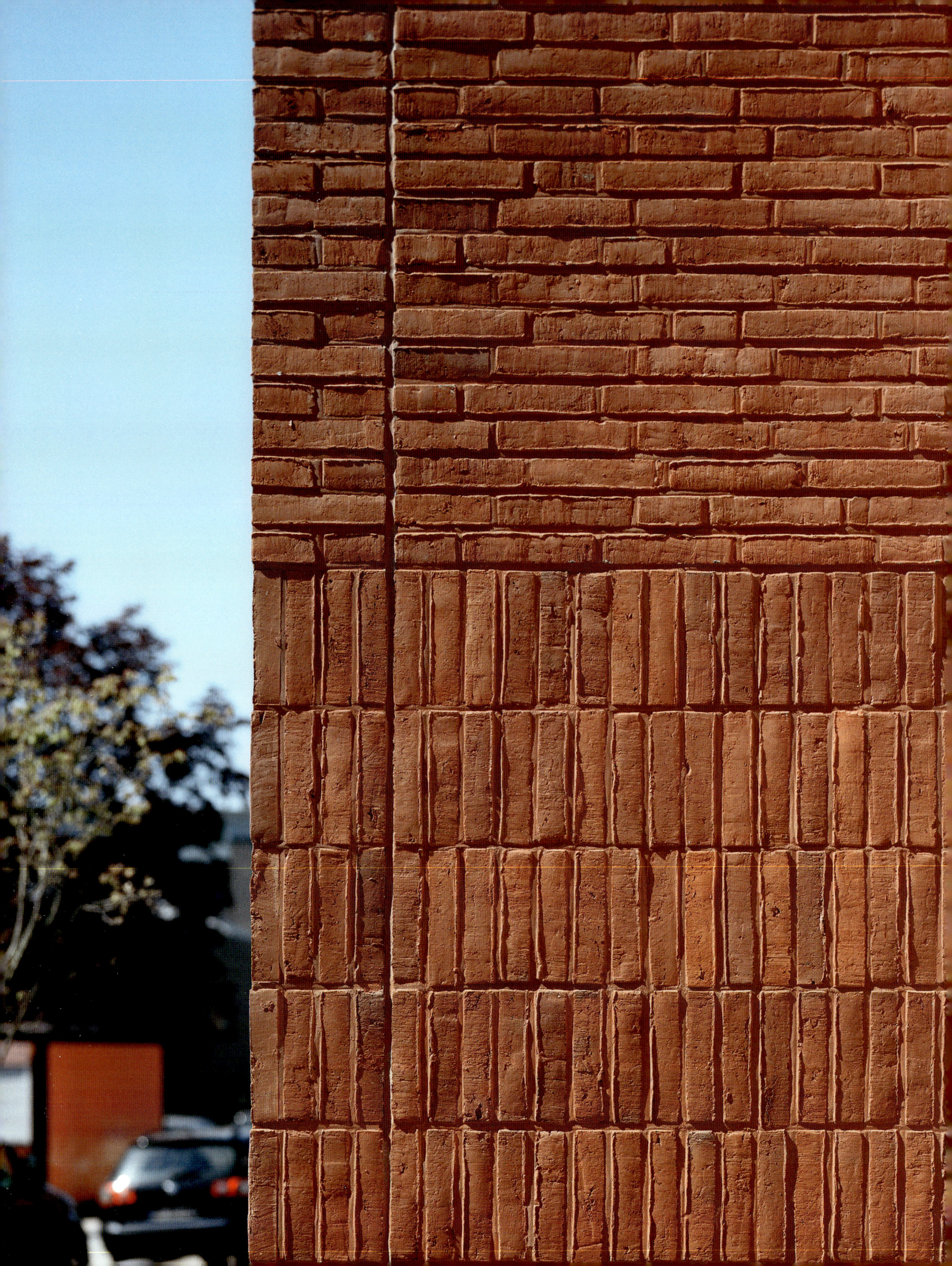

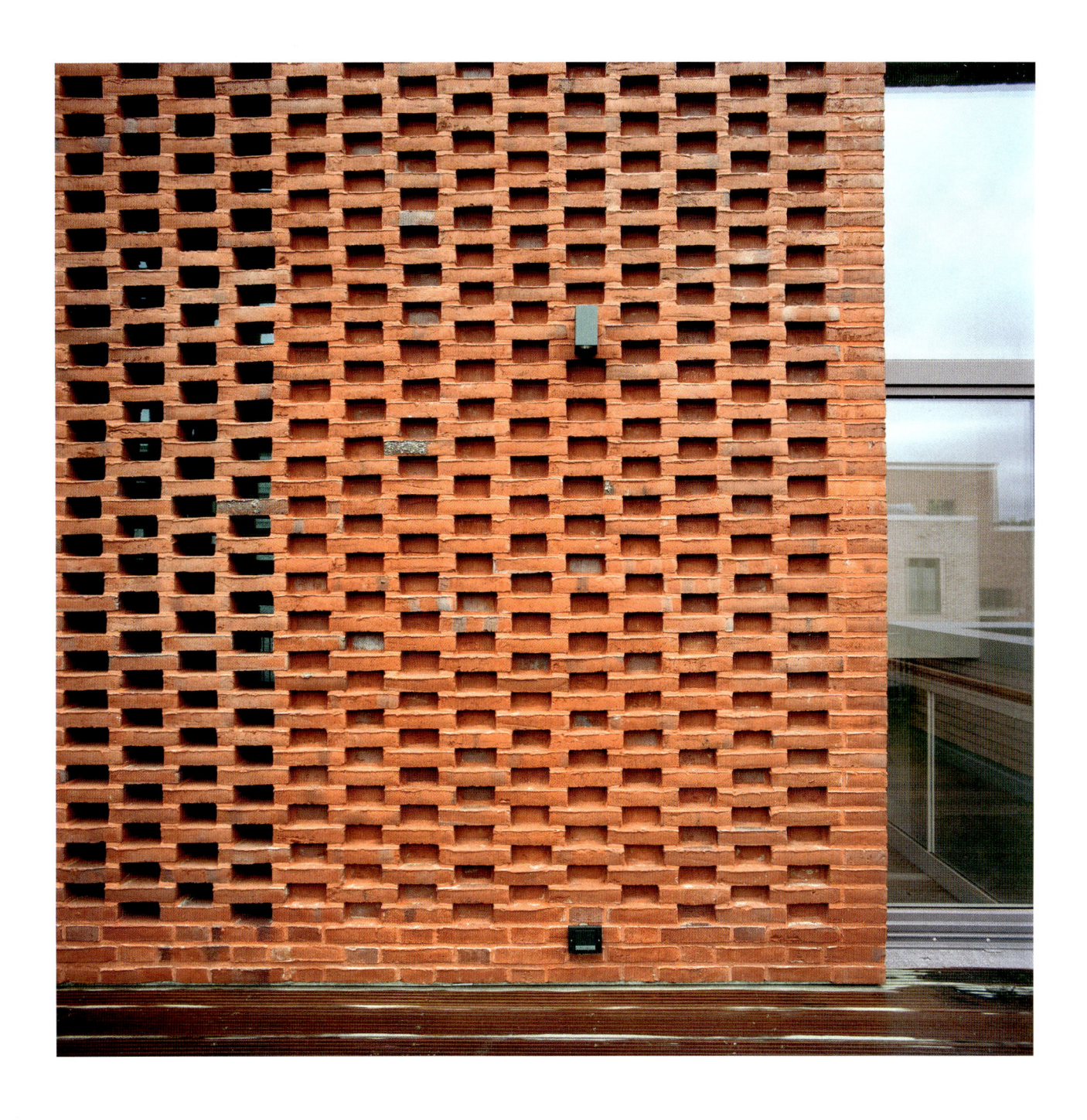

DIE **ARCHITEKTEN**

SCHICHTUNG UND
BALANCE

DAVID **LAGEMANN**
TIM **KETTLER**
LA'KET ARCHITEKTEN,
HAMBURG

„Wir stehen für innovative Entwurfsansätze und Spaß an der Entwicklung von außergewöhnlichen Lösungen. Das Besondere, das Identitätsstiftende, das über die funktionale Notwendigkeit Hinausgehende ist nicht Ausdruck eines Stils, sondern Ausdruck unserer Haltung – offen gegenüber Eigenschaften und Potenzialen des Ortes, innovativ im Umgang mit Konstruktion und Materialität, teamorientiert im Dialog mit Projektbeteiligten."

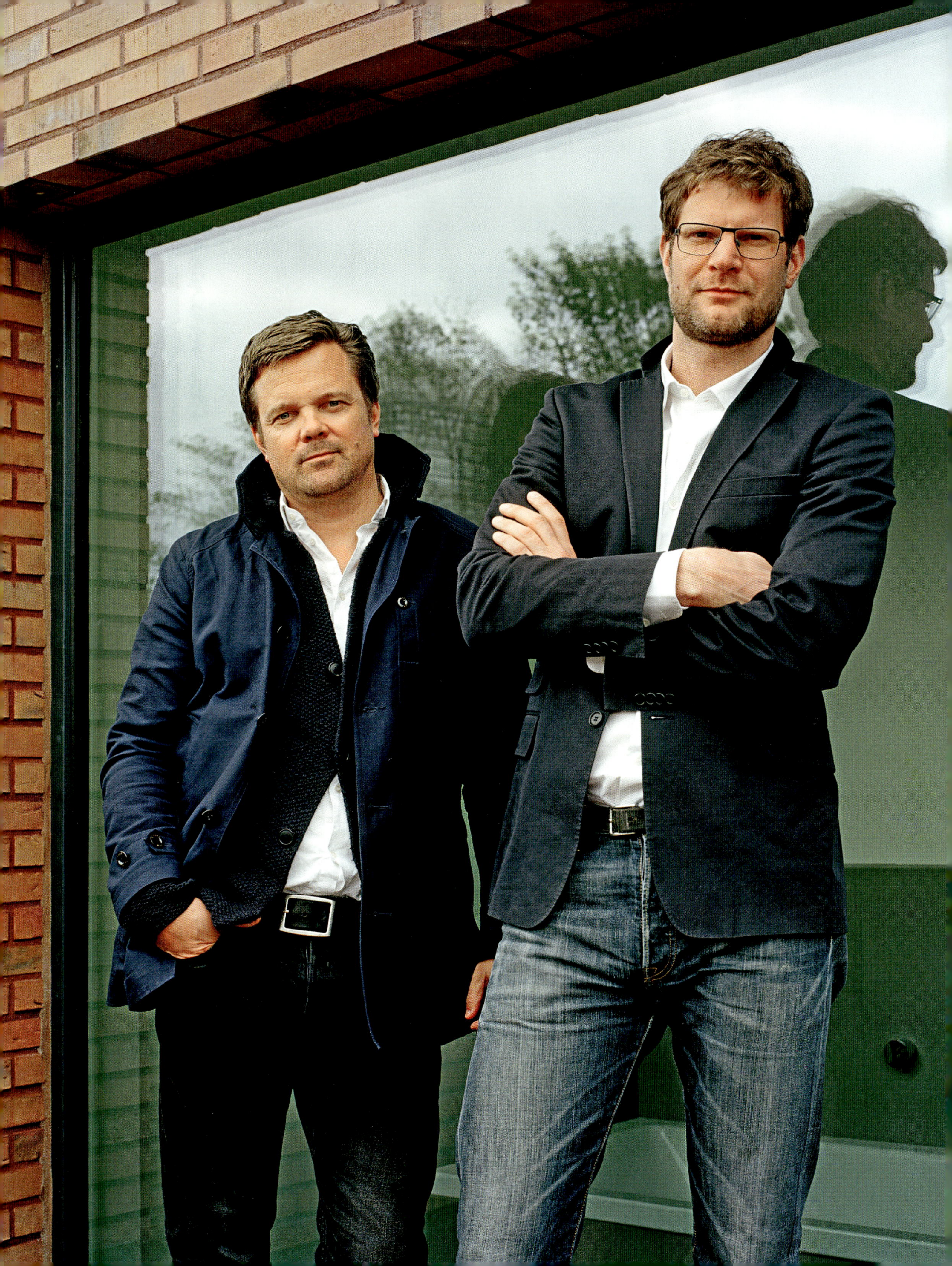

BÜRO**PHILOSOPHIE**

Die Architektur von **LA'KET ARCHITEKTEN** soll Emotionen wecken. Um das zu ermöglichen, muss die Architektur eine Substanz besitzen, die über einen längeren Zeitraum entschlüsselt werden kann. Sie soll eine Reichhaltigkeit besitzen, die nicht vordergründig ist, sondern immer neue Entdeckungen ermöglicht. Die Bauwerke von **LA'KET ARCHITEKTEN** sind körperhaft und markant, sie besitzen eine starke materielle Präsenz und spielen mit ihrer Umgebung. Dieses Spiel ist keine direkte Anlehnung an den Kontext, sondern kann vom Aufnehmen bestimmter Aspekte bis zum Setzen eines Kontrapunktes reichen. Neben dem Spiel mit dem Kontext versuchen **LA'KET ARCHITEKTEN** in jedem Projekt ein spezifisches Thema herauszuarbeiten. Dieses Thema kann sehr unterschiedliche Hintergründe haben und führt somit immer zu einer neuen Auseinandersetzung. Ob markantes Bauwerk oder subtile Ergänzung, jede Bauaufgabe mit ihren spezifischen Anforderungen wird als Herausforderung betrachtet.

David Lagemann | *1975
2000 Diplom FH Oldenburg
2000–01 Carsten Roth Architekt Hamburg
2001–03 KPW Architekten Hamburg
2003–05 Postgraduate Studies Städelschule Frankfurt
2005–09 KPW Architekten Hamburg
2009 Gründung LA'KET Architekten Hamburg

Tim Kettler | *1972
1998 Diplom Bauhaus-Universität Weimar
1999–2000 cepezed architecten Delft
2000–01 Carsten Roth Architekt Hamburg
2001–05 eea – erick van egeraat architects Rotterdam
2005–09 Carsten Roth Architekt Hamburg
2009 Gründung LA'KET Architekten Hamburg

DIE **ARCHITEKTEN**

AUSGESUCHTE **PROJEKTE**

Die Bauten von LA'KET Architekten sind streng geometrisch und für ihre jeweiligen Funktionen optimiert. Von links: Wohnhaus in Volksdorf, Geschäftshaus Nordkanalstraße, Ergänzung der historischen Bebauung Palmaille (unten)

ENTWURF Das Entwurfsprinzip ist überraschend: Monolithische Blöcke werden aufeinandergestapelt, spreizen sich in die Lücke und erzeugen auf diese Weise eine zwar reduzierte, aber sehr markante Fassadensilhouette. Die Blöcke sind bewusst so gesetzt, dass die notwendige Balance gemeinsam im Ensemble erreicht wird. Nur gemeinsam ist man stark. Auf Erker und Vorbauten wird verzichtet, so entsteht ein sehr kompakter Baukörper.

Die orange-rötliche Fassade besteht aus Ziegeln im Dünnformat. Prägnante horizontale Fugen ordnen die schlank gewachsene Fassade der Stadthäuser. Die tiefen Leibungen der Fassadenpaneele fassen die großen Fensterflächen gekonnt ein. Das Erdgeschoss dient unterschiedlichen Funktionen. Platz findet hier die hauseigene Garage wie auch eine Art Gartenzimmer. Die Treppe ist eine einläufige „Himmelsleiter", die die verschiedenen Ebenen direkt miteinander verbindet.

Diese Form der Erschließung erlaubt eine sehr offene und freie Grundrissorganisation, wie zum Beispiel im ersten Obergeschoss, der Beletage, die zunächst ausschließlich aus einem durchlaufenden Raum besteht. Es können sowohl klassisch ausgebildete Grundrisstypologien realisiert werden, bei denen von einem zentralen Flur aus die einzelnen Räume abgehen, als auch eine offene Loftinszenierung mit eingestellten Boxen, in denen sich die Bäder befinden.

DIE **ARCHITEKTEN**

Von archaischer Konstellation zur
Stadthauszeile – Entwurfsprinzip bei
LA'KET Architekten

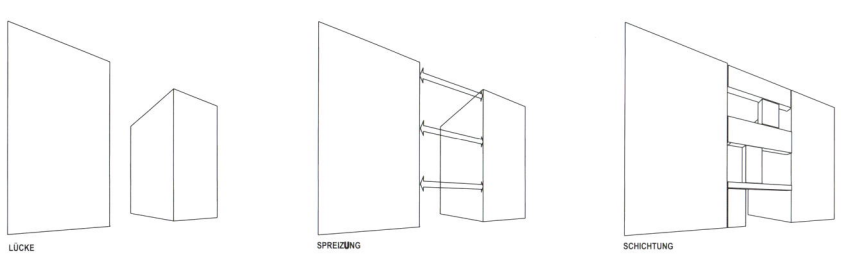

LÜCKE   SPREIZUNG   SCHICHTUNG

85

UG EG I.OG II.OG III.OG

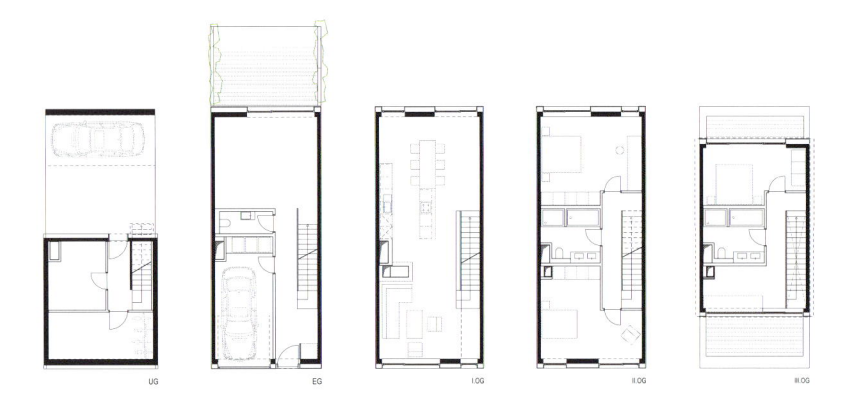

86

DIE **ARCHITEKTEN**

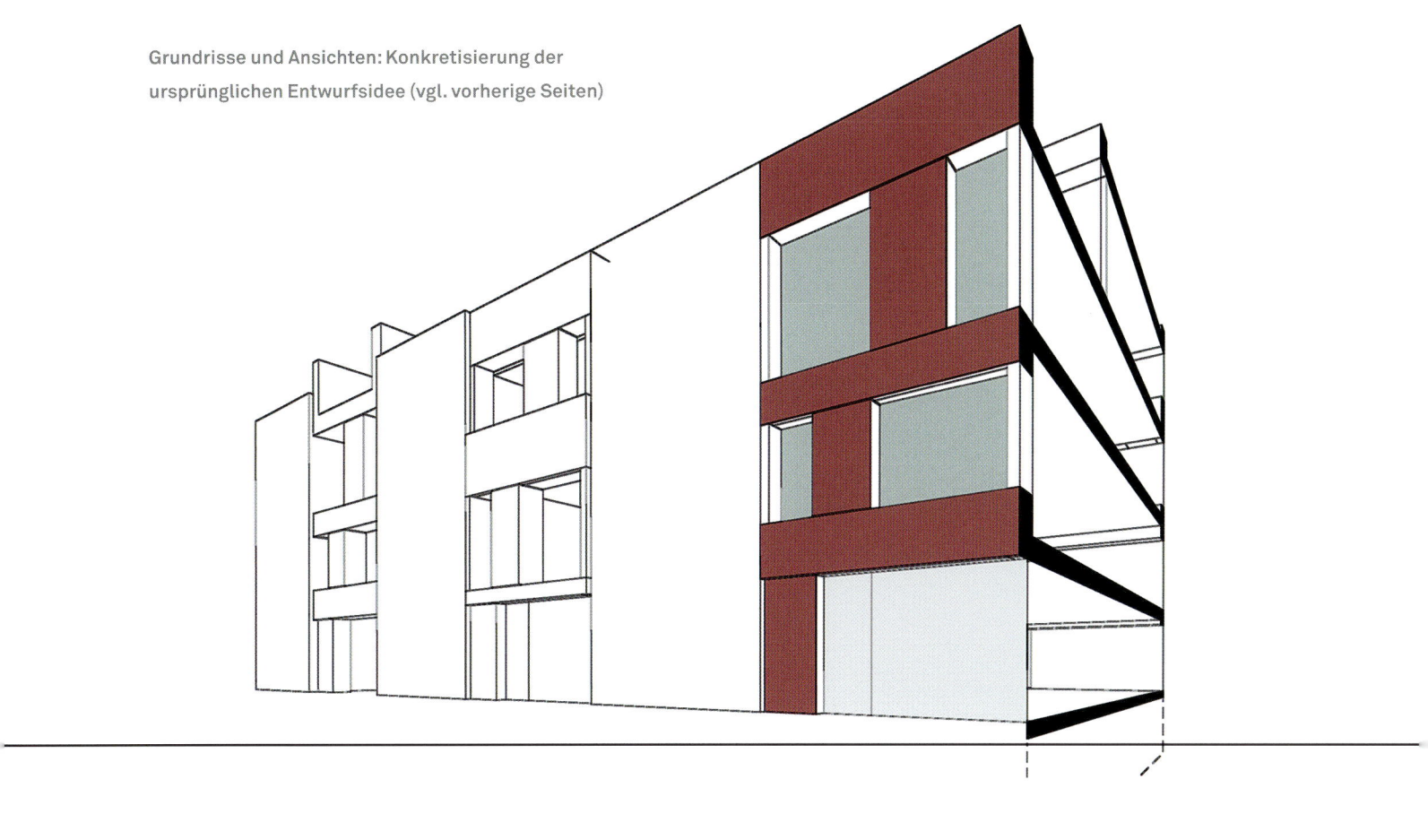

Grundrisse und Ansichten: Konkretisierung der ursprünglichen Entwurfsidee (vgl. vorherige Seiten)

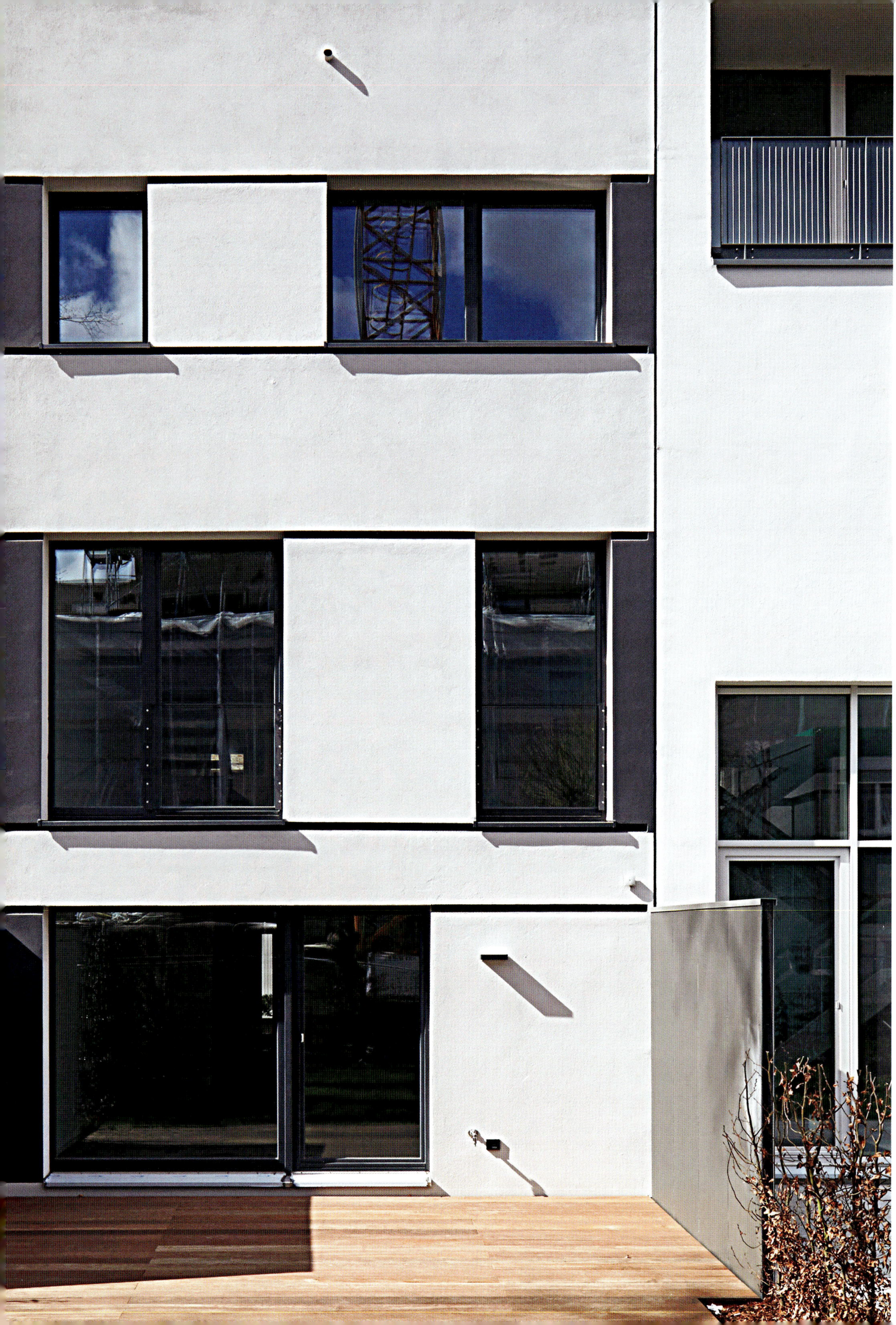

DIE **ARCHITEKTEN**

WOHNEN IN DER
STADT

INGRID **SPENGLER**
MANFRED **WIESCHOLEK**
SPENGLER WIESCHOLEK
ARCHITEKTEN STADTPLANER,
HAMBURG

„Stadthäuser sind individuell. Keines gleicht dem Nachbarn, jedes hat eine eigene Identität, sogar eine starke Individualität. Das heißt: eine Vielfalt an Raumkompositionen und das gilt auch für den Gartenraum."

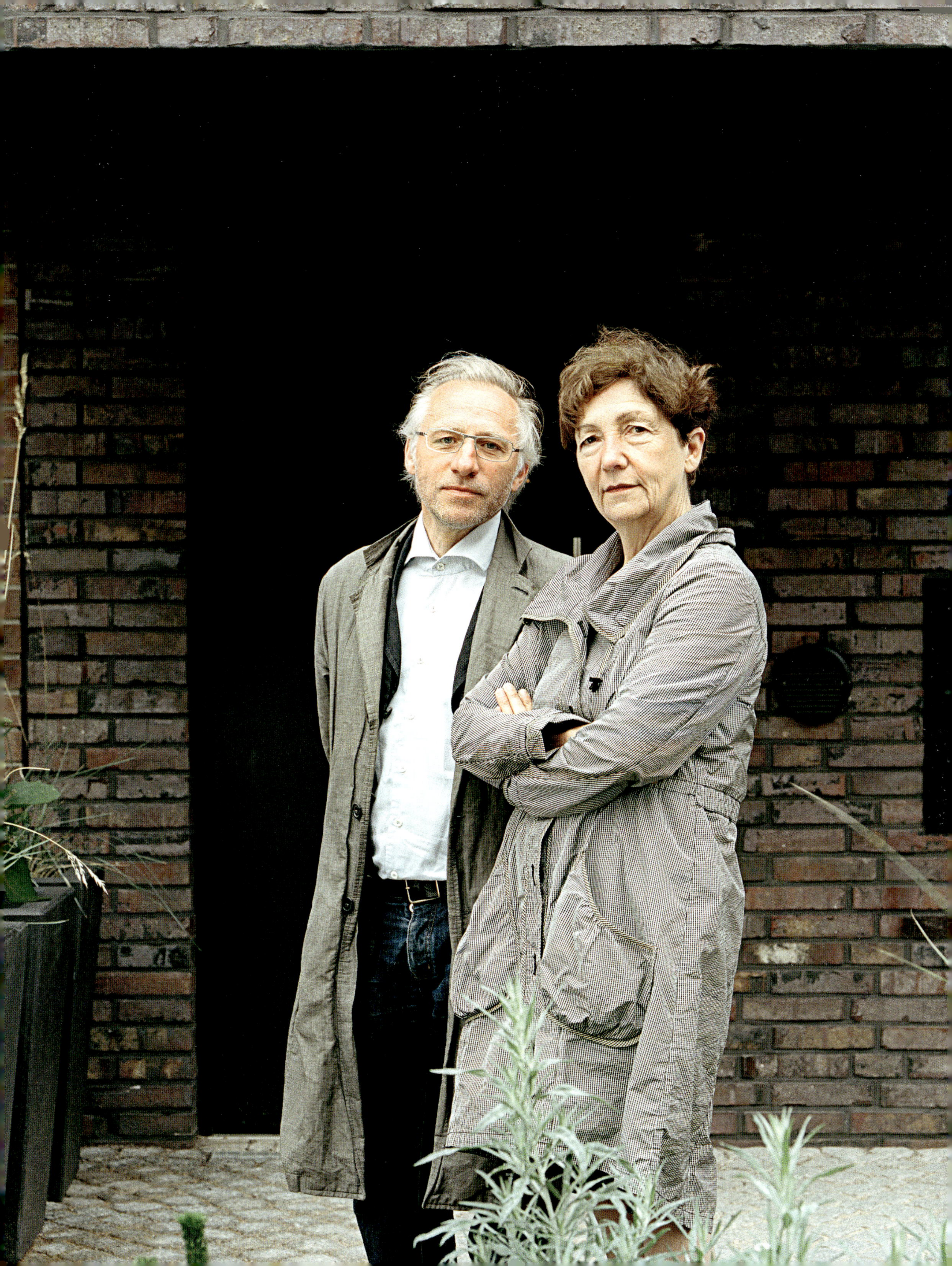

BÜRO**PHILOSOPHIE**

Das Team um Ingrid Spengler und Fredo Wiescholek ist sowohl im Städtebau als auch im Objektbereich unterwegs. Es ist geübt in der Erfindung raffinierter Lösungen, die immer den individuellen Bezug zum Ort suchen, und denkt dabei gerne auch mal quer.

Ob im Städtebau oder bei der hochbaulichen Ausführung: Bei **Spengler Wiescholek Architekten Stadtplaner** spielen Nachhaltigkeit und Energieeffizienz sowie die dauerhafte Qualitätssicherung eine besondere Rolle. Ihr ganzheitlicher Ansatz verbindet Form, Funktion, Technik und Ökologie – und das passt genau zum Thema „Stadthaus in der Finkenau". Das Büro **Spengler Wiescholek Architekten Stadtplaner** ist im In- und Ausland aktiv. Insbesondere in den Hansestädten Bremen und Hamburg haben sie durch Aufmerksamkeit erregende Projekte das Thema Wohnen in der Nachverdichtung diskutiert.

Ingrid Spengler | * 1951
Dipl.-Ing. Architektur und Stadtplanerin,
Architekturstudium Universität Karlsruhe

Manfred Wiescholek | * 1961
Dipl.-Ing. Architektur, Architekturstudium FH Hamburg und TU Berlin

1980 Bürogründung durch Ingrid Spengler
1989 Zusammenarbeit mit Manfred Wiescholek
1994 Büropartnerschaft Spengler Wiescholek

DIE **ARCHITEKTEN**

AUSGESUCHTE **PROJEKTE**

Oben: Wohnhäuser „Tarzan und Jane" in Bremen als Nachverdichtung einer Nachkriegsbebauung. Unten: Integration von schmalen Stadthäusern in die historischen Fahrzeughallen von Falkenried in Hamburg-Eppendorf

STATEMENT

Freistehende Einfamilienhäuser haben uns nie interessiert. Dieser Typus hat den Status eines Dinosauriers. Heute brauchen wir andere Antworten. Wenn es denn schon etwas Eigenes auf eigenem Grund sein muss, dann bitte mehrgeschossig, urban verdichtet, mit kleinem Fußabdruck, bei hoher Wohnqualität und natürlich mitten in der Stadt.
Städte brauchen ohnehin eine gewisse Dichte, um den Gegenpol der Bebauung, die öffentlichen Räume, lesbar zu machen und die Stadt von der „Siedlung" zu unterscheiden. Nähe zum Nachbarn schließt Individualität nicht aus, wenn man das klassische Repertoire von Vor- und Rücksprüngen, Erkern und Loggien in die Moderne überträgt.
Man muss aber Treppen mögen, im Stadthaus, Reihenhaus oder „Townhouse". Barrierefrei, mit Fahrstuhl ausgestattet, sind sie in der Regel nicht. Der eine oder andere wird im Alter einen Umzug in die barrierefreie Wohnung auf der Etage in Kauf nehmen müssen, in das – seit römischer Zeit bewährte – Mehrfamilienhaus, einst *insula* genannt.
Das Gefühl jedoch, unabhängig im eigenen Heim auf eigenem Grund zu leben, mag die fehlende Barrierefreiheit kompensieren. Hinzu kommt, dass eine mehrgeschossige Wohnung Spielraum gibt für Öffnungen nach oben und unten, die Durchblicke schaffen und ein neues Raumgefühl ermöglichen.

ENTWURF

Das kleine Haus ist gleichermaßen effizient wie raffiniert und besitzt mehr räumliche Qualität als so manche Villa. Das Gebäude wurde als Splitlevel entwickelt. Dadurch entstehen überraschende diagonale Durchblicke sowie räumliche Verknüpfungen der Geschosse. Spengler Wiescholek Architekten Stadtplaner haben beim Projekt Finkenau das Experiment gewagt, ein sehr schmales, preiswürdiges Haus zu planen, das bei einer Breite von nur 4,75 bis 5,00 Meter auch noch „Lufträume", also Öffnungen über mehrere Etagen, integriert. Diese vermeintlich „verschenkte" Wohnfläche ist in Wirklichkeit ein Geschenk an die Bewohner, vermittelt sie doch Weite, Licht und Großzügigkeit, die das kleine Haus besonders machen. Das Auto findet Platz in der gemeinschaftlichen Tiefgarage, die direkt vom Keller aus erreicht wird. Hier musste man Prioritäten setzen. Denn: für die ebenerdige Garage braucht man mehr Frontbreite, somit mehr Fläche.
Durch die versetzten Ebenen entsteht im Erdgeschoss ein ungewöhnlich hoher Wohnbereich als besonderes Raumerlebnis. Von dort aus blickt man zum halbgeschossig höher liegenden Essbereich. Die Schlafebenen in den oberen Etagen erhalten intime Dachgärten. Ein Lichtschlitz führt Tageslicht durch alle Ebenen bis zum Essbereich und in die beiden innenliegenden Bäder. Wohnfläche: 173 Quadratmeter, Breite 5,00 Meter.

DIE **ARCHITEKTEN**

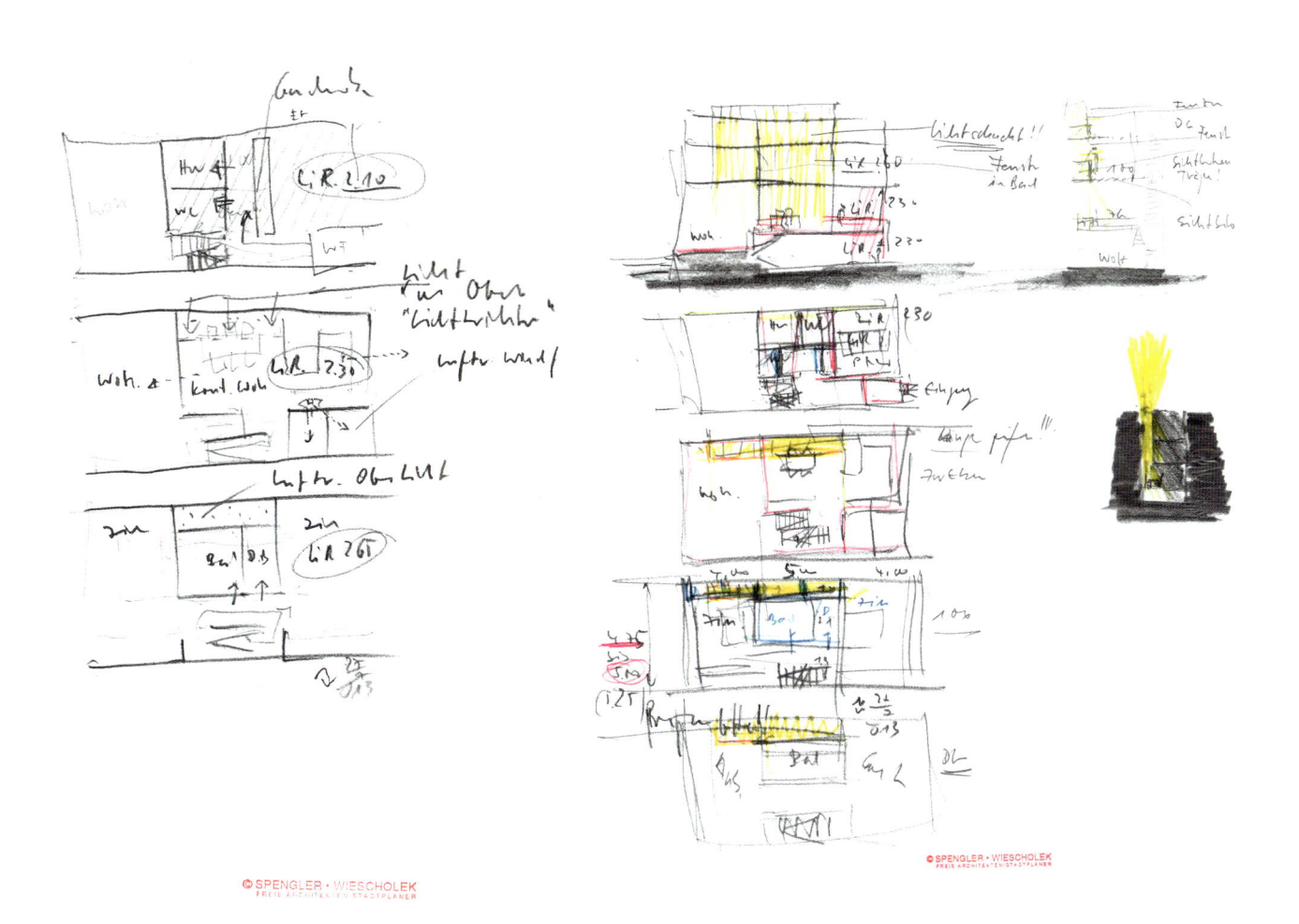

Straßenfassade

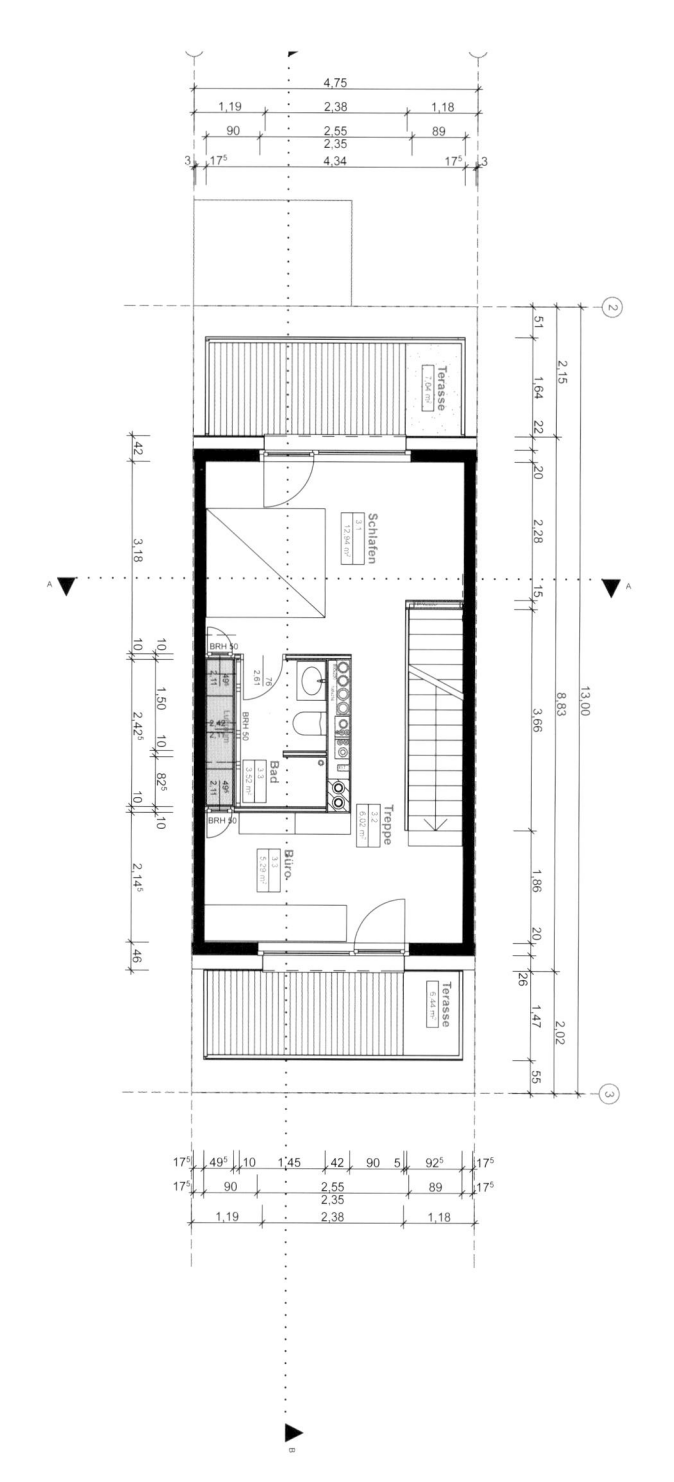

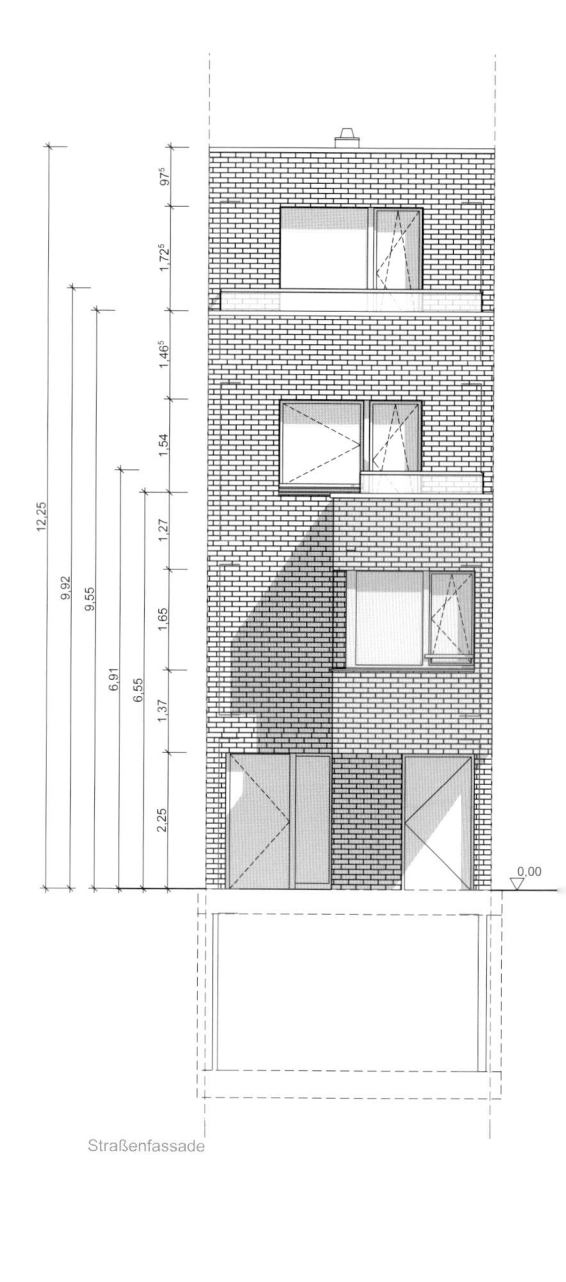

Höhenkote
Haus 2 : 0,00 = 8,40 ü.NN
Haus 24: 0,00 = 7,50 ü.NN

Dämmungsübergriff Nachbar

DIE **ARCHITEKTEN**

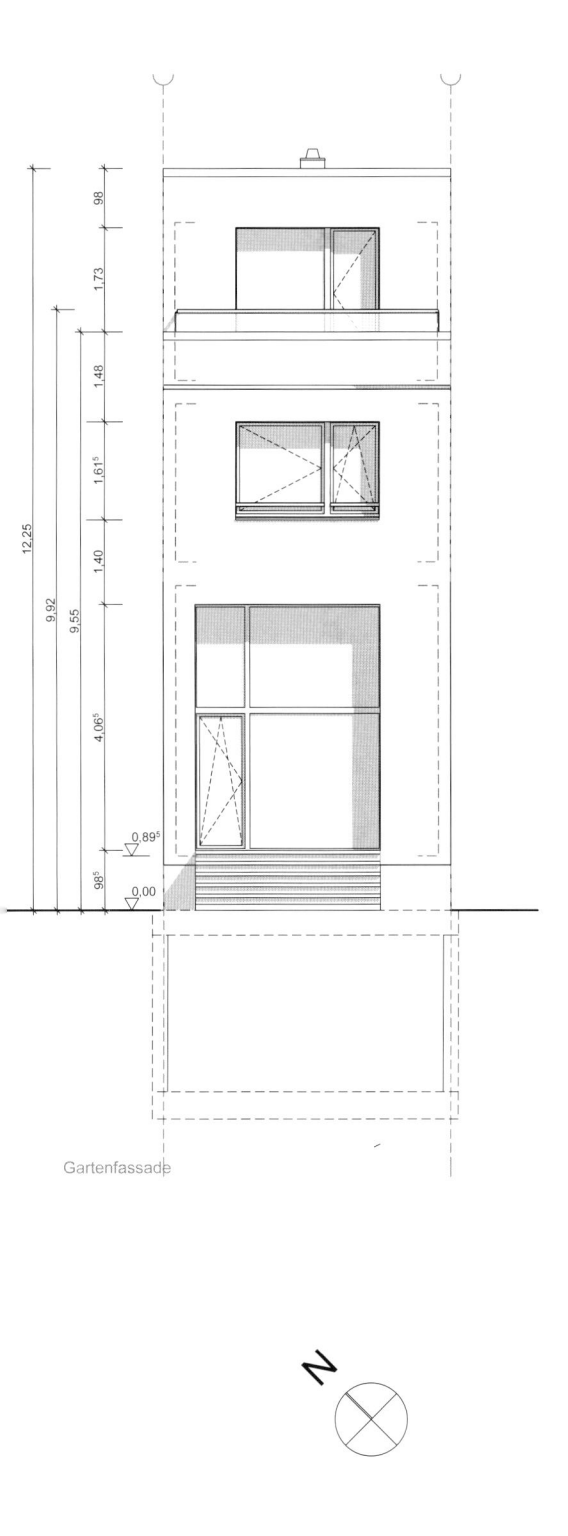

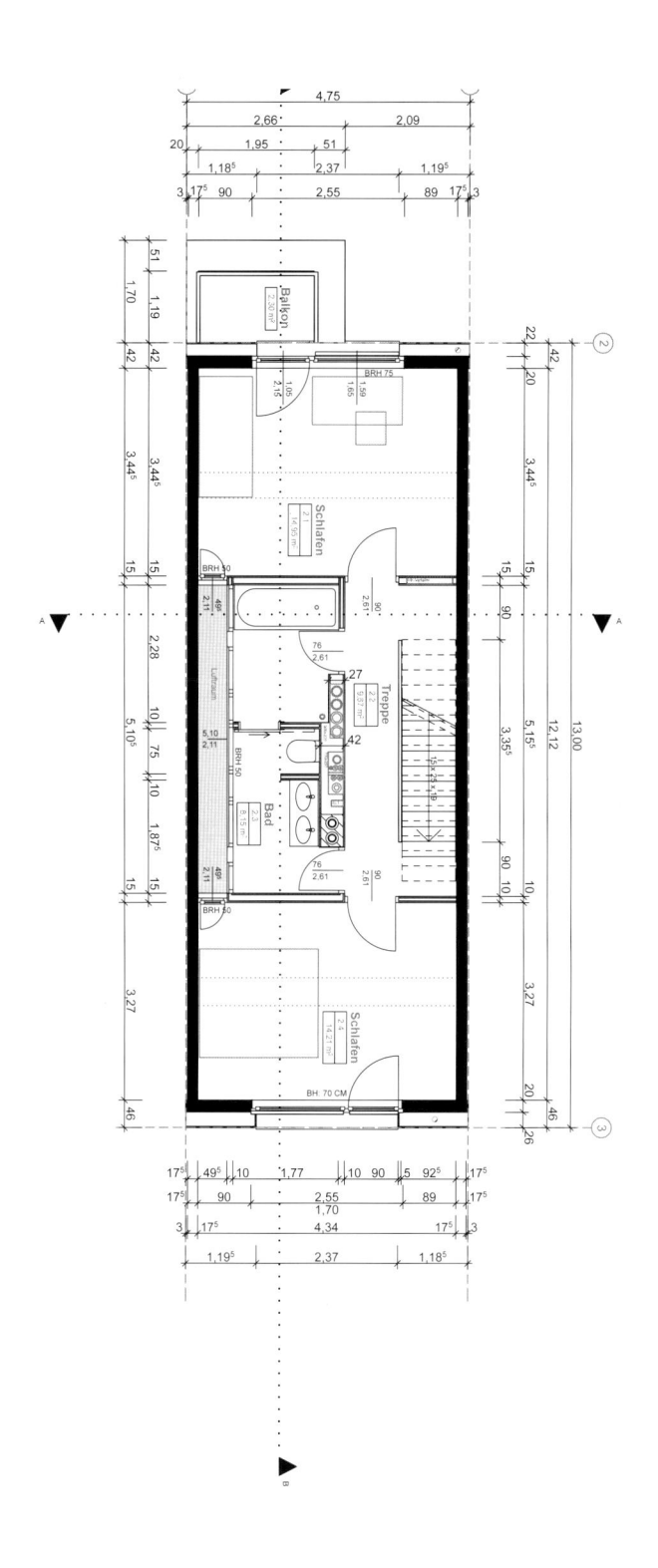

Gartenfassade

97

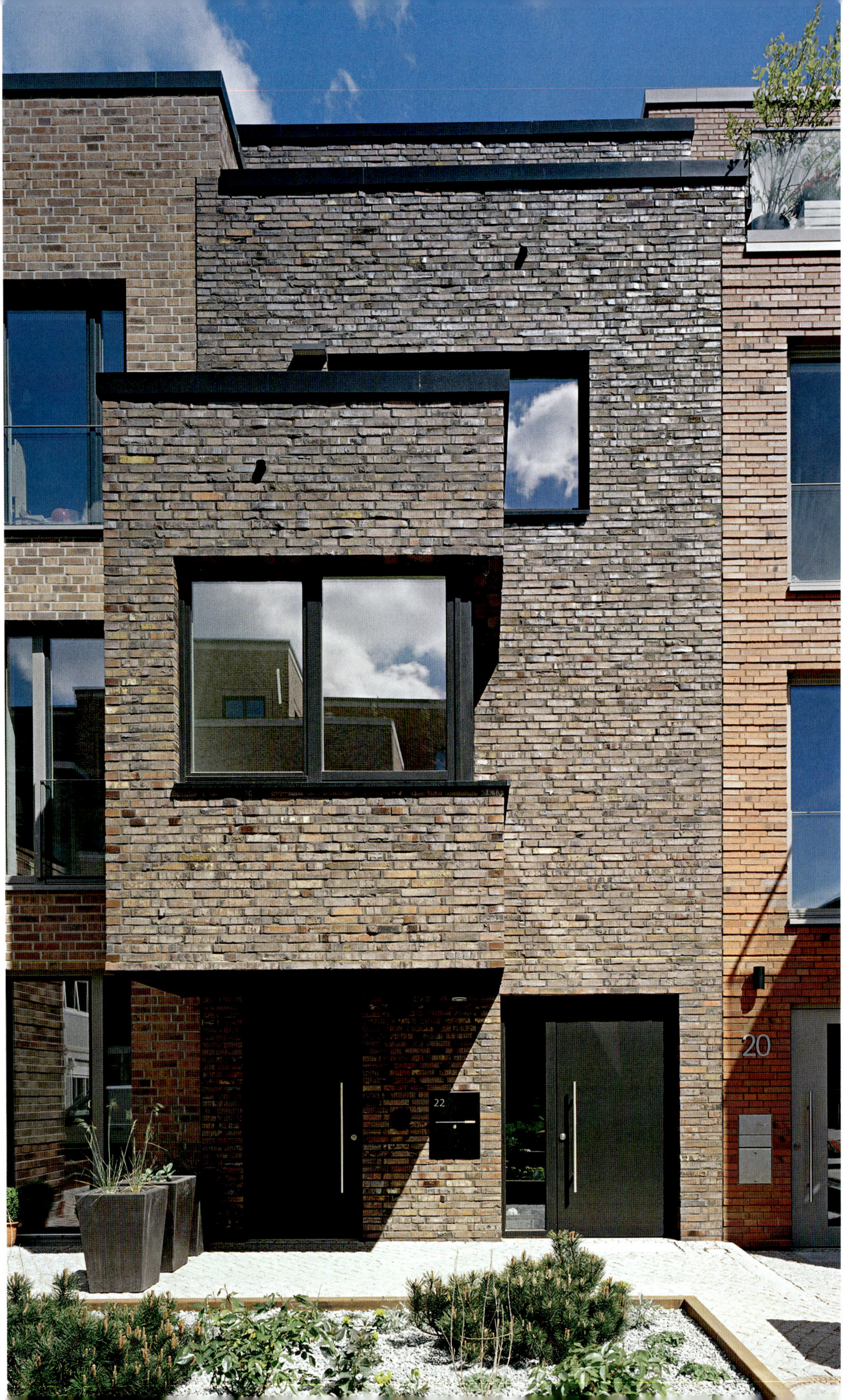
22
20

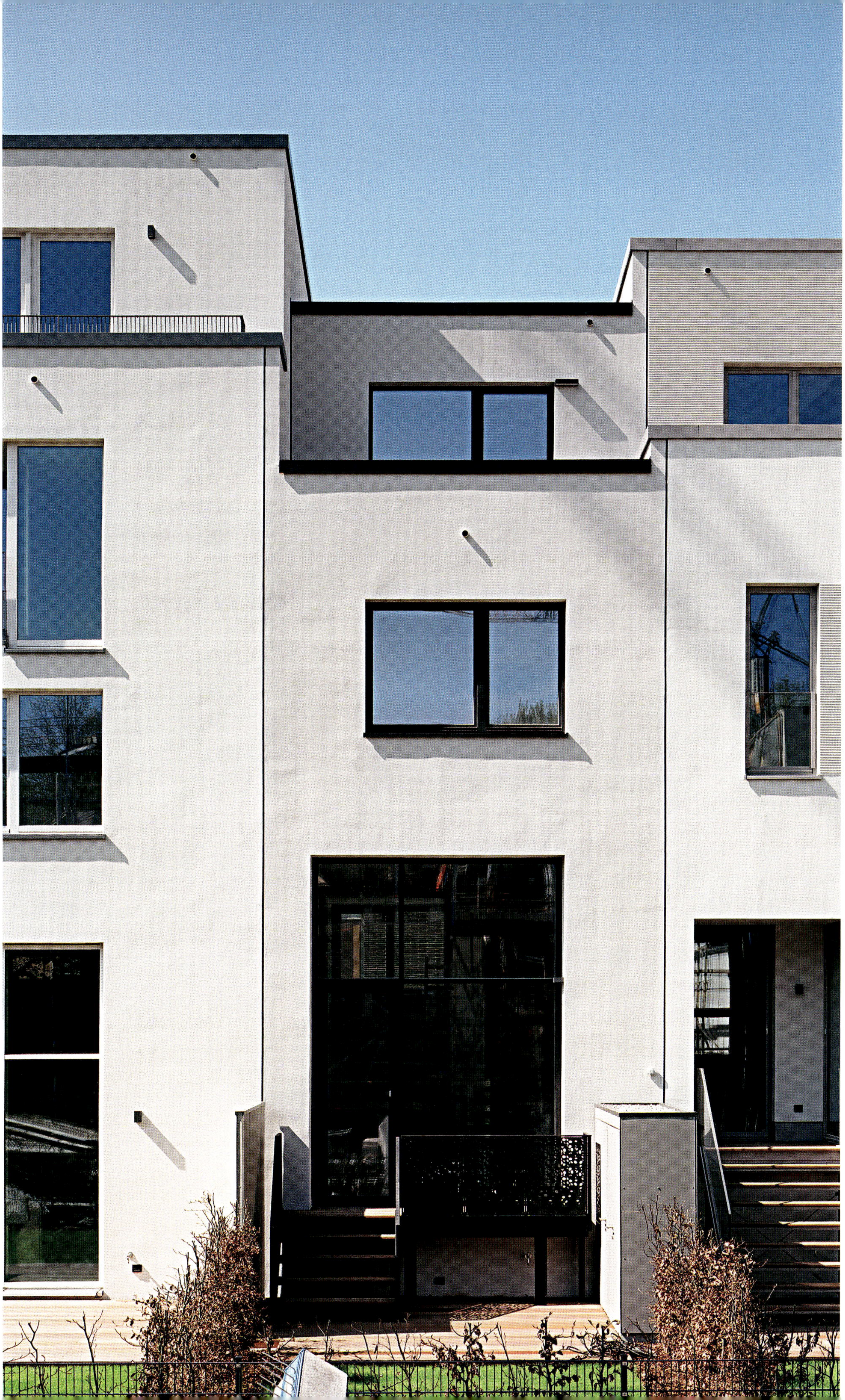

ZWISCHEN SCHUMACHER UND BLEICHERHÄUSERN
– VON WINTERHUDE IN DIE FINKENAU

FRANK **FOCKE**
TCHOBAN VOSS ARCHITEKTEN,
HAMBURG, BERLIN, DRESDEN

„Es geht um städtebauliche und architektonische Rückbesinnung im Kleinen (Haus) wie Großen (Stadt). Die Entfaltung individueller Lebensentwürfe kombiniert mit den Qualitäten städtischer Straßen, Plätze und Parks formulieren einen dezidierten architektonischen Ausdruck im Zeitalter der digital vernetzten Individuen. Die Wirkung der einzelnen Häuser wird im städtebaulichen Entwurf durch die Länge des Ganzen gestärkt, die upTownhouses bieten dabei Vielfalt in der Einheit."

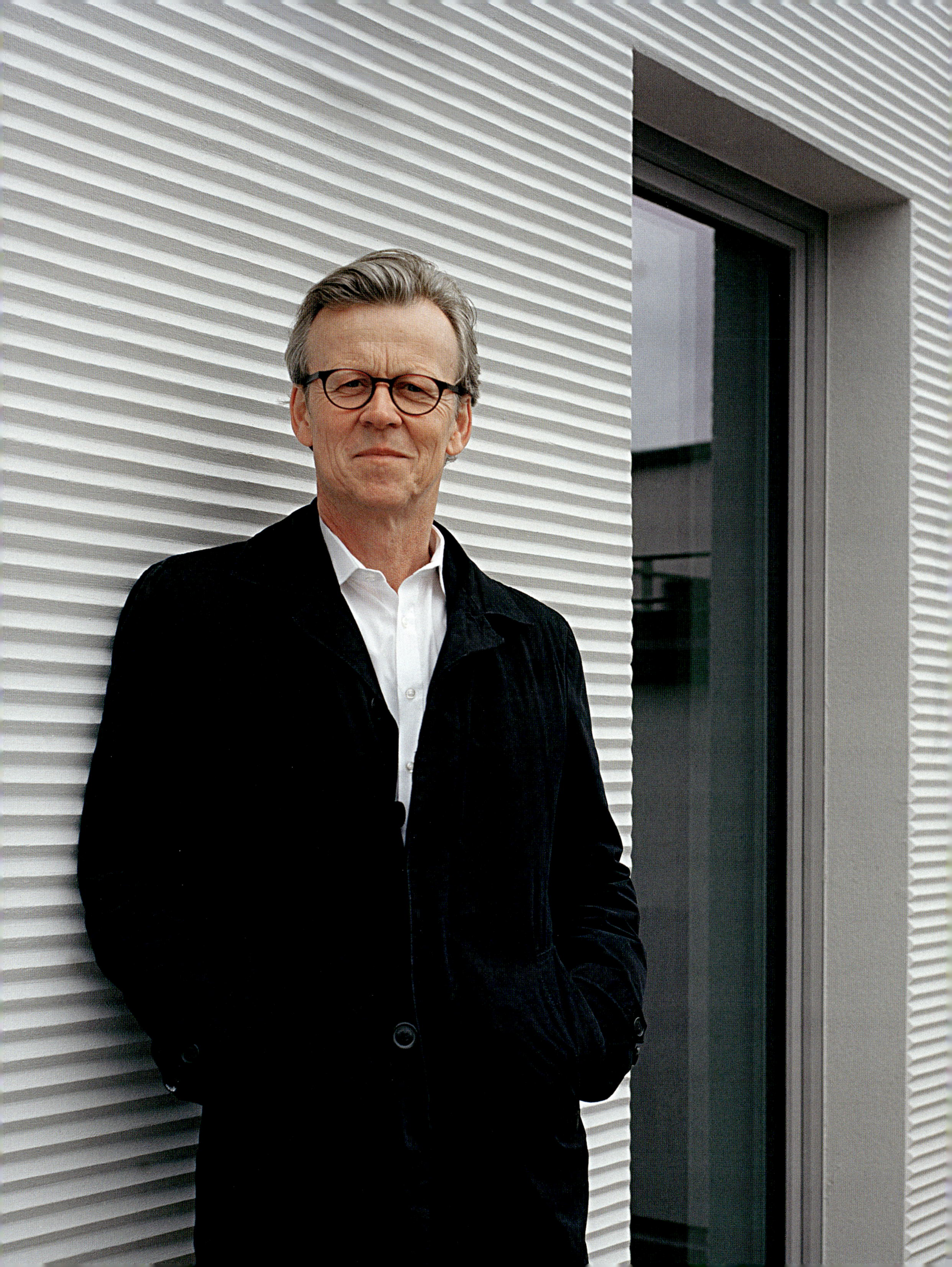

BÜRO**PHILOSOPHIE**

Mit über 140 Mitarbeitern planen und realisieren **TCHOBAN VOSS Architekten**, die aus dem renommierten Hamburger Büro nps hervorgegangen sind, an den Standorten Hamburg, Berlin und Dresden Bauaufgaben, bei denen die Aspekte Funktionalität, Ökonomie und Ökologie sowie Kreativität und Innovation stets zentrale Leitbilder ihrer Arbeit sind. Sie sind dadurch seit Jahrzehnten zu wichtigen architektonischen Akteuren in Hamburg und später in der ganzen Welt geworden.

Der Entwurf für die Finkenau wurde im Team Alf Prasch, Frank Focke, Frank Buken und Anne Kittel erarbeitet, Gründungspartner Alf Prasch hat 2015 das Büro verlassen und arbeitet nun separat weiter.

Frank Focke | * 1964
Studium in Nienburg und Hannover
assoziierter Partner bei TCHOBAN VOSS Architekten

DIE **ARCHITEKTEN**

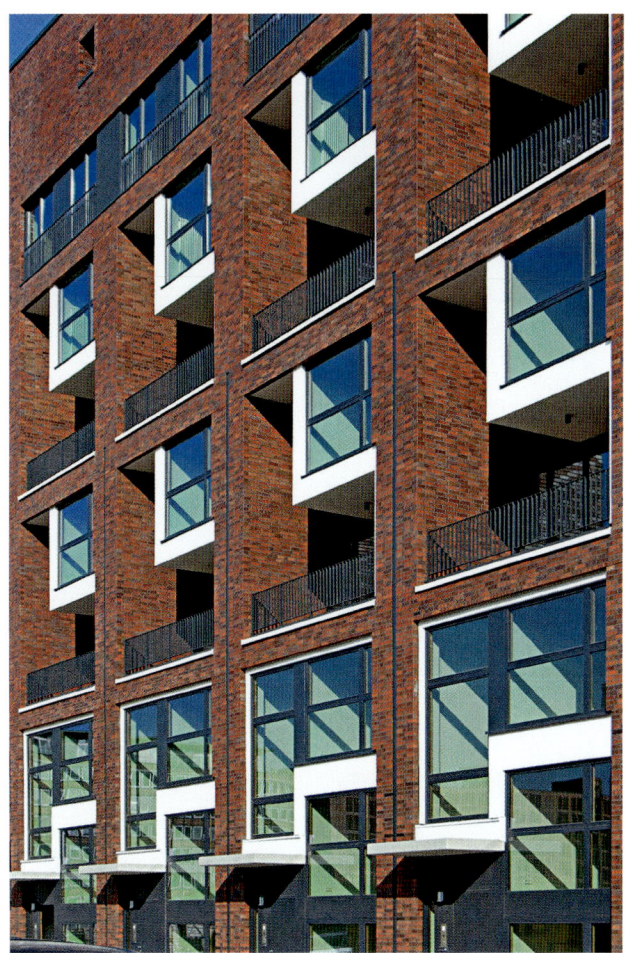

AUSGESUCHTE **PROJEKTE**

Wohnungsbau und Backstein – typisch für diese Architekten

Drei Beispiele aus Hamburg (von oben links): Finkenstraße; Pacamara, Wohnen in der HafenCity; Bethanienhöfe in Eppendorf

103

ENTWURF

Die Fassaden von TCHOBAN VOSS Architekten zitieren besonders intensiv die Hamburger Backsteinarchitektur wie sie der frühere Hamburger Oberbaudirektor Fritz Schumacher an den Bauten der Finkenau zelebriert hat. Zur subtilen Verstärkung der Adressbildungen werden ortstypische, ornamentale Zahnziegel vorgeschlagen. Sämtliche Eingangsfassaden zeigen differenzierte Klinkermanierismen, während die Gartenfassaden das gliedernde Element von horizontalen Schichtungen als Kammputz aufnehmen. Die jeweils unterschiedlich gestalteten Ansichten des Ensembles bestärken das Gefühl, individuell im eigenen Haus mit Garten zu wohnen. Diese Haustypen reagieren neben der Grundrissorganisation der Häuser selbst auch auf funktionale „Handicaps" wie zum Beispiel die Tiefgaragenerschließung, indem daraus plastische Volumen mit Loggien und Balkonen entwickelt werden. Im Haus angekommen, bildet die vertikale Erschließung der Häuser meist die Lebensader zur Verknüpfung der unterschiedlichen Nutzungsbereiche. Die Split-Level-Ebene verbindet die Bereiche Eingang/Küche/Wohnen zu einem Raumvolumen mit hoher Aufenthaltsqualität. Aus der Öffentlichkeit der Vorgartenbereiche wird eine auf bis zu vier Ebenen verteilte und zunehmend private Wohnatmosphäre geschaffen.

In den kleineren Haustypen werden die an den Treppenraum angrenzenden Räume teilweise geöffnet und als Spielflur, Studio oder Wohnflur genutzt. Durch Vor- und Rücksprünge werden intime Loggien/Dachterrassen ermöglicht. Zur Verbesserung der nutzbaren Flächen wird ein dem Schlafzimmer zugeordnetes Ensuite-Bad vorgeschlagen. Ferner können Kinderzimmer temporär als „halbe" Zimmer verwendet werden, um zum Beispiel auf den Familienzuwachs räumlich reagieren zu können.

STATEMENT

Die Wiederentdeckung der Stadthaustypologie

Das Stadthaus ist heute die moderne Interpretation einer historisch verlorengegangenen, beliebten Wohnhaustypologie, die sich durch eine ausgeprägte Individualität wesentlich vom Geschosswohnungsbau, der Villa und dem Reihenhaus unterscheidet, gleichzeitig aber in der Reihung durch Verwandtschaften in Größe, Proportionen und Materialität eine hohe städtebauliche Qualität erzeugt. Die prägenden Materialien dieses wieder hochaktuellen urbanen Wohnungstyps sind meist Klinker im Rotspektrum sowie weißer Putz mit plastischen Gliederungen.

Urbanes Wohnen entsteht durch Vielfalt. Diese ist jedoch gefährdet, wenn eine starke Gentrifizierung eintritt. Voraussetzung für ein Gelingen sind neben den städtebaulichen und architektonischen Qualitäten eben auch die soziale, ökologische und kommunikative Qualität der Projekte, denn ohne ein Miteinander von Bürgern und Planern ist eine Renaissance der Städte oder „mehr Stadt in der Stadt" nur schwerlich umsetzbar.

In diesem Spannungsfeld stehen auch die Entwürfe von TCHOBAN VOSS Architekten. Die Stadt wächst und dabei werden Spuren vom Geist des Ortes spürbar. Die kleinen Bleicherhäuser aus der Ulmenstraße, dem Bürostandort seit den 1990er Jahren, stehen neben selbstbewussten Protagonisten aus der neueren Zeit. Die Qualitäten der hellen, plastischen Fassaden im Kontrast zu den dunklen Klinkerfassaden sind dabei ein uns stetig begleitendes Instrument im Orchester des Stadtbildes. Beides hat seine eigene Kraft und entwickelt im architektonischen Dialog mit den Nachbarn eine noch größere. Dieser Dialog ist Gewissen und Auftrag zugleich.

DIE **ARCHITEKTEN**

+10,62

+10,62

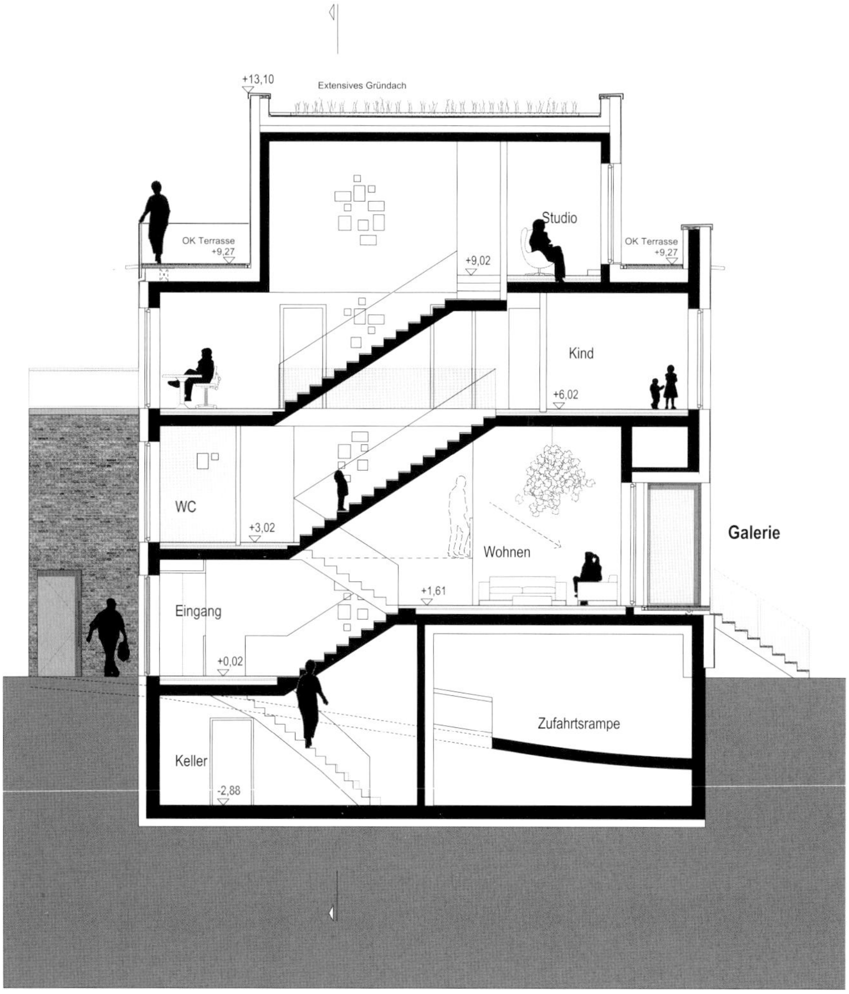

+13,10
Extensives Gründach
OK Terrasse
+9,27
Studio
+9,02
OK Terrasse
+9,27
Kind
+6,02
WC
+3,02
Wohnen
Galerie
Eingang
+1,61
+0,02
Zufahrtsrampe
Keller
-2,88

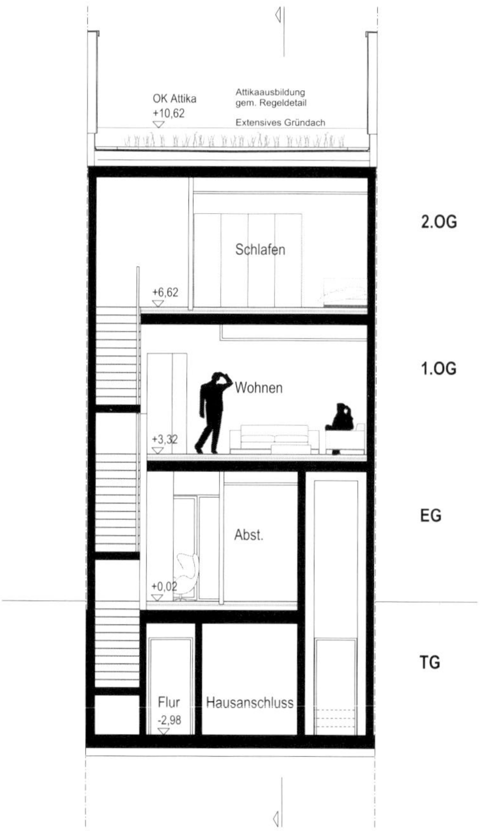

OK Attika
+10,62
Attikaausbildung gem. Regeldetail
Extensives Gründach
2.OG
Schlafen
+6,62
1.OG
Wohnen
+3,32
EG
Abst.
+0,02
TG
Flur
-2,98
Hausanschluss

DIE **ARCHITEKTEN**

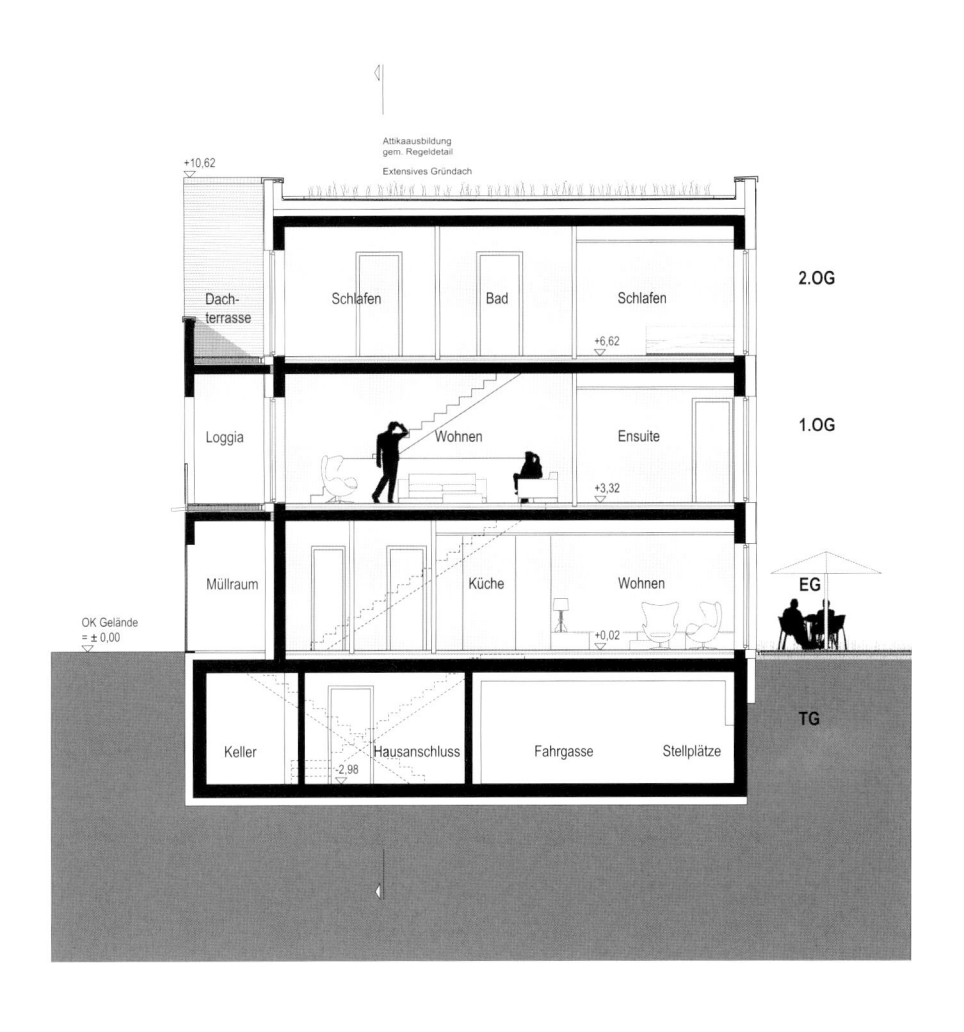

Ansichten (S. 105) und Schnitte
aus der Entwurfsphase

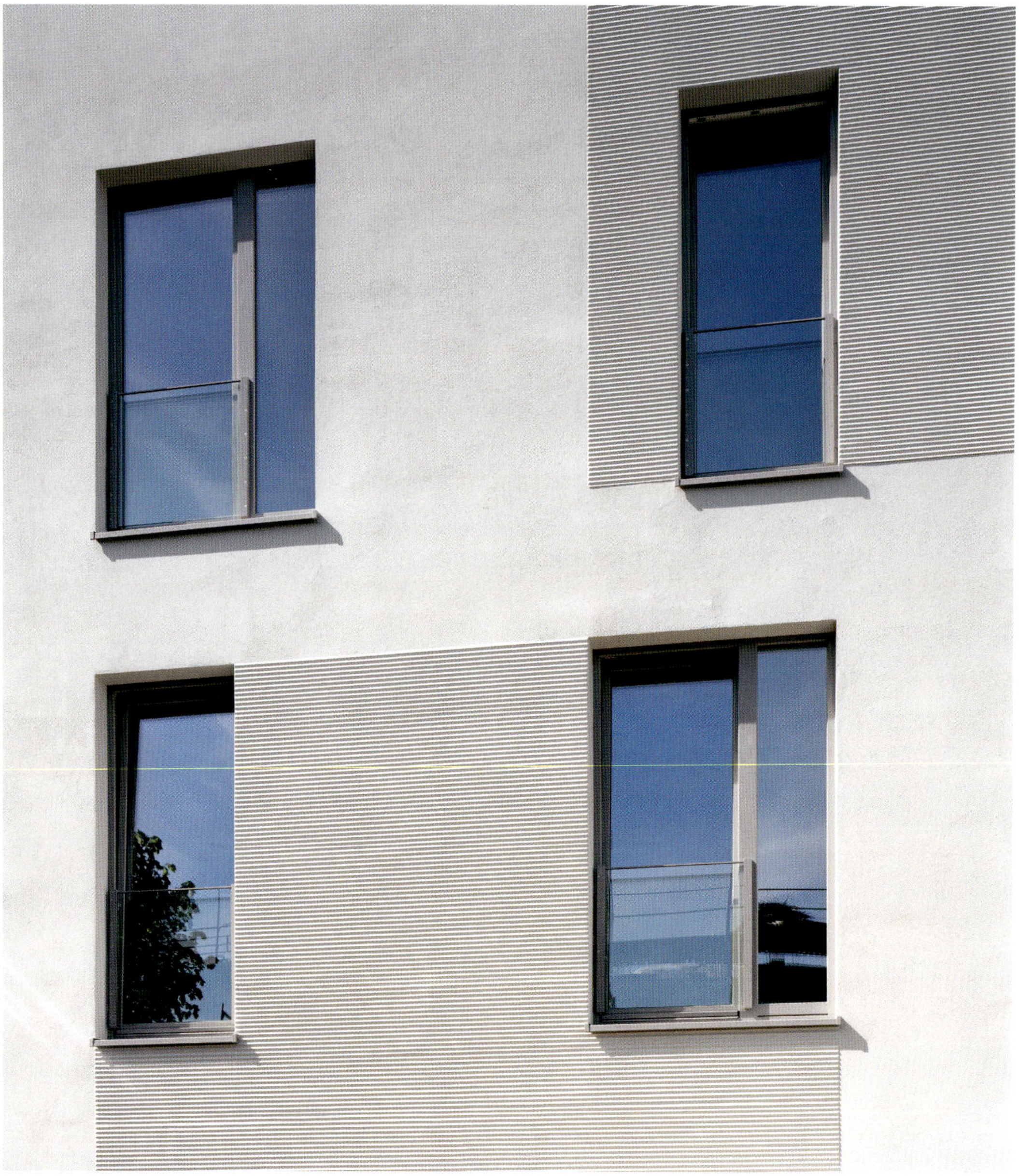

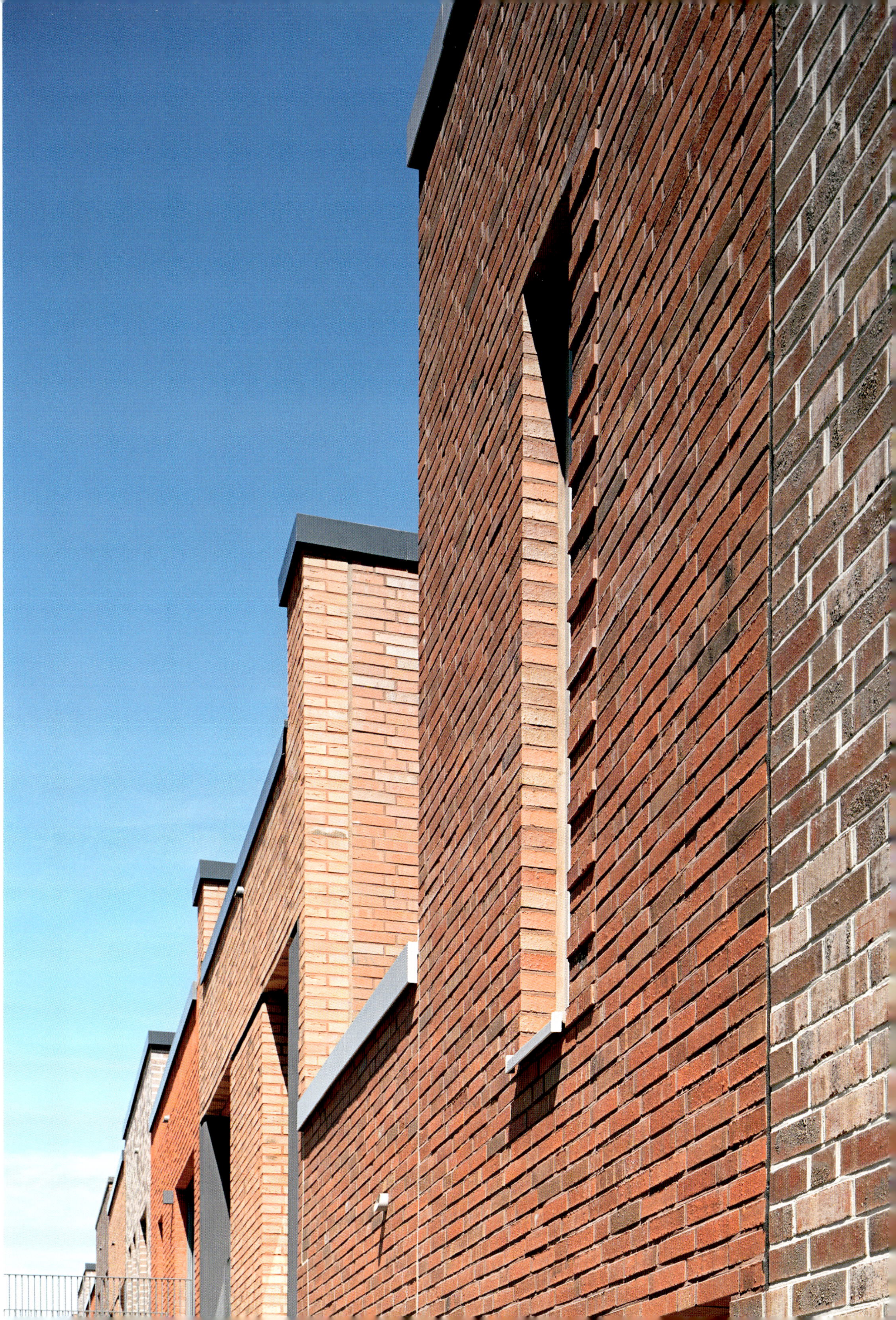

GUTE FREIRAUMGESTALTUNG STEIGERT DIE STÄDTISCHE LEBENSQUALITÄT

JOCHEN **MEYER**
SCHOPPE + PARTNER FREIRAUMPLANUNG, HAMBURG

„Wir sind als Freiraumplaner in der eigenartigen Situation, den Verlust von Freiraum positiv zu begleiten und stehen vor der Aufgabe, den Widerspruch, der in dieser Situation steckt, aufzulösen."

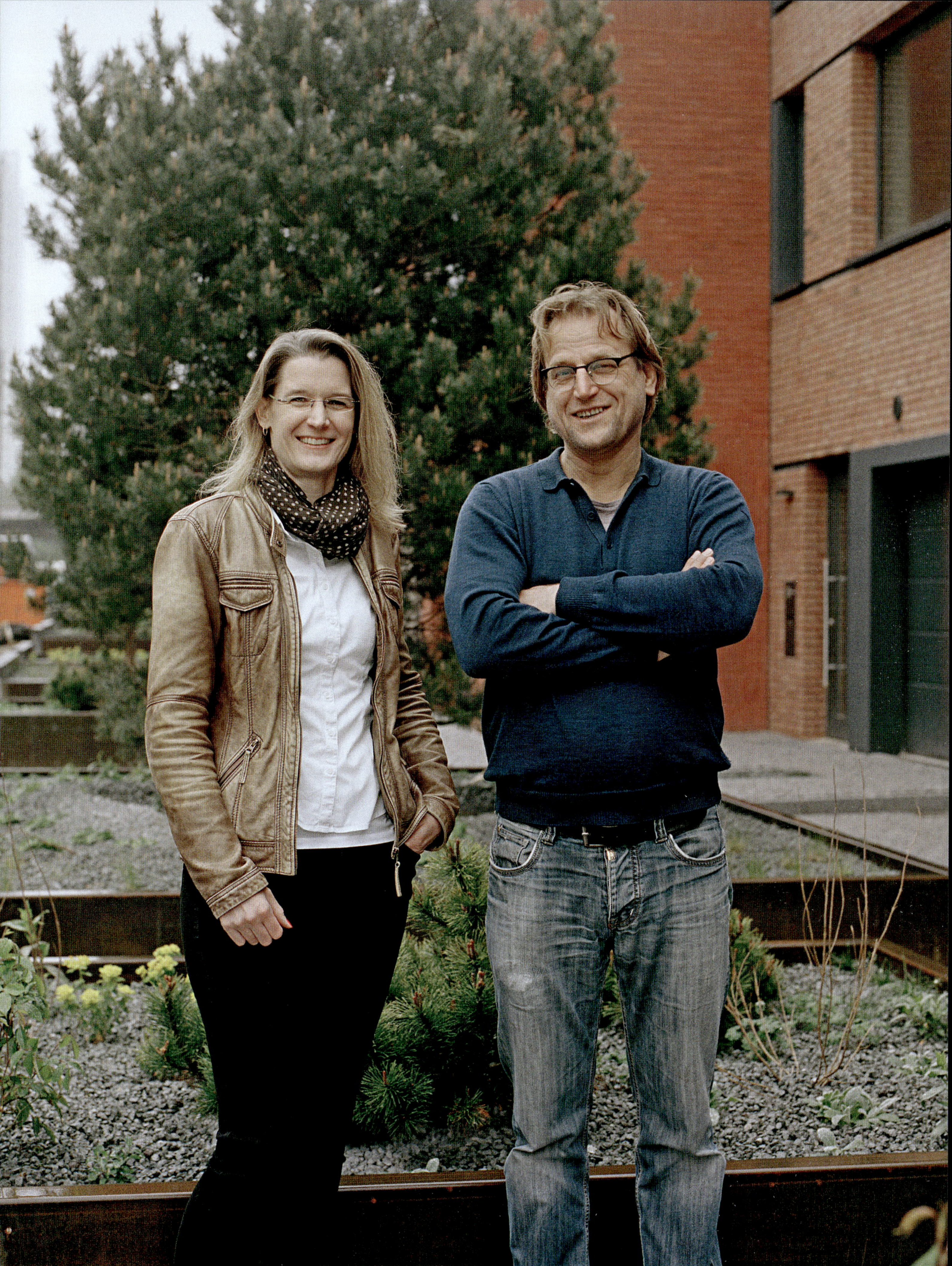

BÜRO**PHILOSOPHIE**

Das Büro wurde 1968 unter dem Namen H. O. Dieter Schoppe Garten- und Landschaftsarchitekt BDLA gegründet. Inzwischen führt Jochen Meyer das Büro allein weiter. Der Schwerpunkt liegt in der Planung von Freianlagen im Wohnungsbau. Das Büro hat sich in den 1960er und 1970er Jahren vor allem mit Wohnanlagen und großen zusammenhängenden Freiflächen beschäftigt. Im Zuge der Nachverdichtung der Stadt wurde das Thema, auf immer kleineren Grundstücken Freiflächen zu organisieren und zu gestalten, zunehmend wichtiger. Die Ansprüche an den Freiraum steigen dabei, was die unterschiedlichen Nutzungen (wie Kinderspiel, ruhender Verkehr, Brandschutz, Ver- und Entsorgung) betrifft. Gleichzeitig sind die Grundstücke oft mit Tiefgaragen unterbaut, was deutlich höhere technische Ansprüche an die Planung zur Folge hat. Dazu gehört auch die Rückhaltung von Regenwasser auf dem Grundstück aufgrund der Überlastung des vorhandenen Sielnetzes.

Jochen Meyer | *1966
Dipl.-Ing. Landschaftsarchitektur BDLA
Studium der Landespflege an der Uni GHS Paderborn/Höxter
1991 Abschluss als Dipl.-Ing. Landespflege
Ab 2005 Mitarbeiter im Büro H. O. Dieter Schoppe
2006–11 Partner und Büroleiter im Büro H. O. Dieter Schoppe + Partner
Seit 09/2011 Inhaber Büro schoppe + partner freiraumplanung

Anja Lutz
Dipl.-Ing. Landschaftsarchitektur
1997–99 Ausbildung zur Gärtnerin im Garten- und Landschaftsbau
1999–2004 Studium der Landschaftsarchitektur an der FH Weihenstephan
2004 Abschluss als Dipl.-Ing., Mitarbeiterin im Büro Schoppe

DIE **ARCHITEKTEN**

AUSGESUCHTE **PROJEKTE**

Übersichtsplan Billebad (oben), Falkensteinpark (unten)

Aussenanlagen M 1: 200

ENTWURF

Das Ensemble der upTownhouses bietet Chancen, für den Typus des Stadthauses modellhafte Freiräume, also Gärten und Vorgärten, zu entwickeln. Solche, die dem Charakter des Stadthauses als Individuum in der Hausfamilie genügen und die Persönlichkeit der einzelnen Bewohner berücksichtigen, ohne die städtebaulichen Gegebenheiten der Reihenbebauung infrage zu stellen. Deswegen wurde die Gestaltung des Freiraums im modularen System entwickelt. Innerhalb eines vorgegebenen Gestaltungsgerüsts können Elemente jeweils durch die Bewohner frei ausgewählt und nach eigenem Gusto bepflanzt werden. Es wird auf diese Weise wie in einem philharmonischen Orchester ein gemeinsamer prägender Klang erzeugt, bei dem die Streichergruppen oder Bläser dennoch hörbar bleiben. So werden hochwertige Freiräume vor und hinter den Häusern gewonnen, die innerhalb des gesamten Finkenauquartiers Signale der Qualität senden. Auch das ist ein Beitrag zur „Adressenbildung", das heißt auch zur Wertsteigerung der gesamten Hauszeile.

Durch die geplante Tiefgarage gelingt es, die individuellen Garagen zu beschränken: Damit wirkt der Dorothea-Bernstein-Weg auf der nördlichen Seite wie ein kleines Gartenparadies mit Rabatten und Sitzplätzen. Die verbliebenen Garagentore und Auffahrten sind vorbildlich eingebunden. Die Vernetzung von öffentlichem, halböffentlichem und privatem Raum ist hier gelungen und garantiert ein urbanes Grünerlebnis. Auf der Hofseite liegen dann die geschützten Privatgärten. Würde man sich, wie ursprünglich vorgesehen, mit der dahinterliegenden Hauszeile arrangieren, könnte man über eine gemeinschaftlich genutzte Mitte nachdenken oder eine interne Quartiersdurchwegung anlegen, wie das früher üblich war. Solche Übergänge zwischen Privatgärten und halböffentlichen Gemeinschaftsflächen werden vor allem gern von Kindern genutzt.

STATEMENT

„Wenn die Grundstücke kleiner werden, steigt der Anspruch an die Qualität. Besonders beim Wohnen kann der Verlust an Freiraum den Verlust an städtischer Lebensqualität bedeuten. Wir arbeiten dagegen an!"

DIE **ARCHITEKTEN**

Lageplan mit Vorgärten und Privatgärten

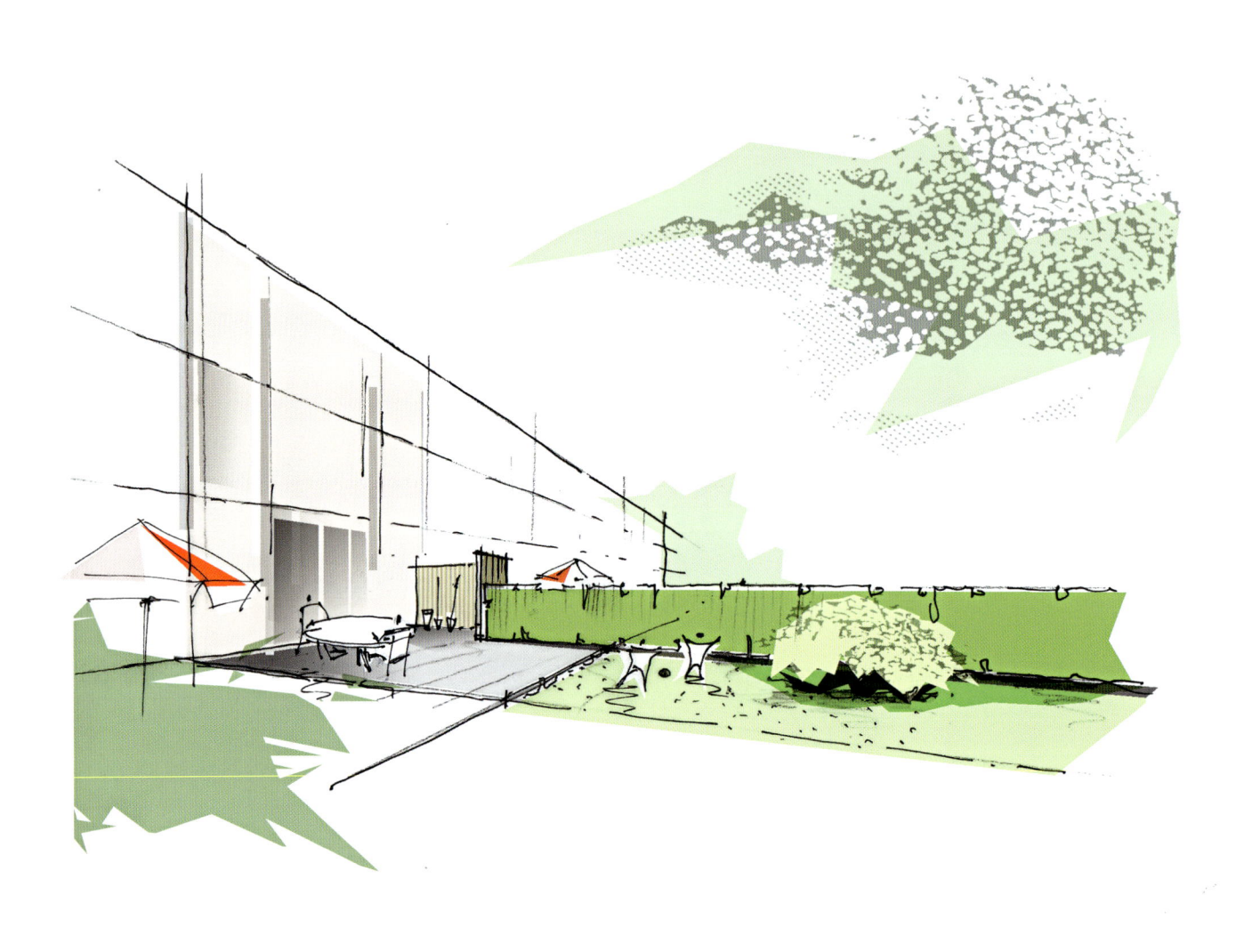

Stadthäuser verfügen über direkt zugeordnete Freiräume, die wie weitere Zimmer wirken. Links: Gartenzimmer. Rechts: Vorgarten mit Stellplatz

DIE **ARCHITEKTEN**

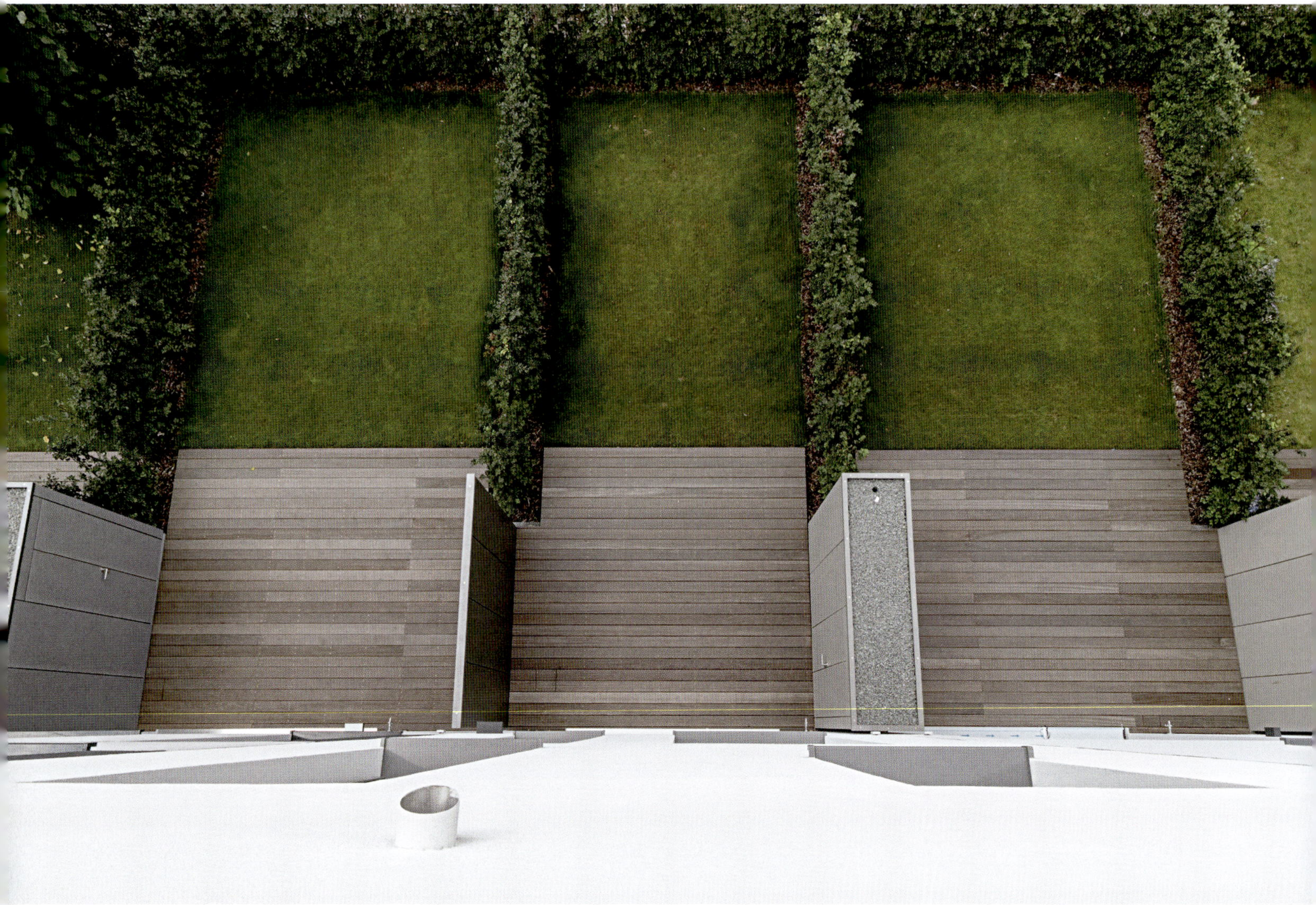

DIE **ARCHITEKTEN**

119

AUS 26 HÄUSERN WIRD
EINE STRASSENZEILE

Nach dem Entwurf durch die oben genannten Architekten arbeiteten im weiteren Planungs- und Bauprozess PLANWERKEINS ARCHITEKTEN an den Leistungsphasen 4 und 5 der HOAI. Das bedeutet vor allem das Verfassen des Bauantrages und der Bauausführungszeichnungen. In diesem Abschnitt werden die entsprechenden Zeichnungen und die jeweiligen fertiggestellten Häuser präsentiert.

Julian Hamperl | * 1970
studierte bis 1996 an der FH Oldenburg, anschließend an der HFBK Hamburg. 1999 gründete er das Architekturbüro PLANWERKEINS. Anfangs mit Wolf-Christian Weikert tätig, wurde im Jahr 2003 Joachim Eckert Partner. Seit 2013 firmiert das Büro als PLANWERKEINS ARCHITEKTEN PartGmbB.

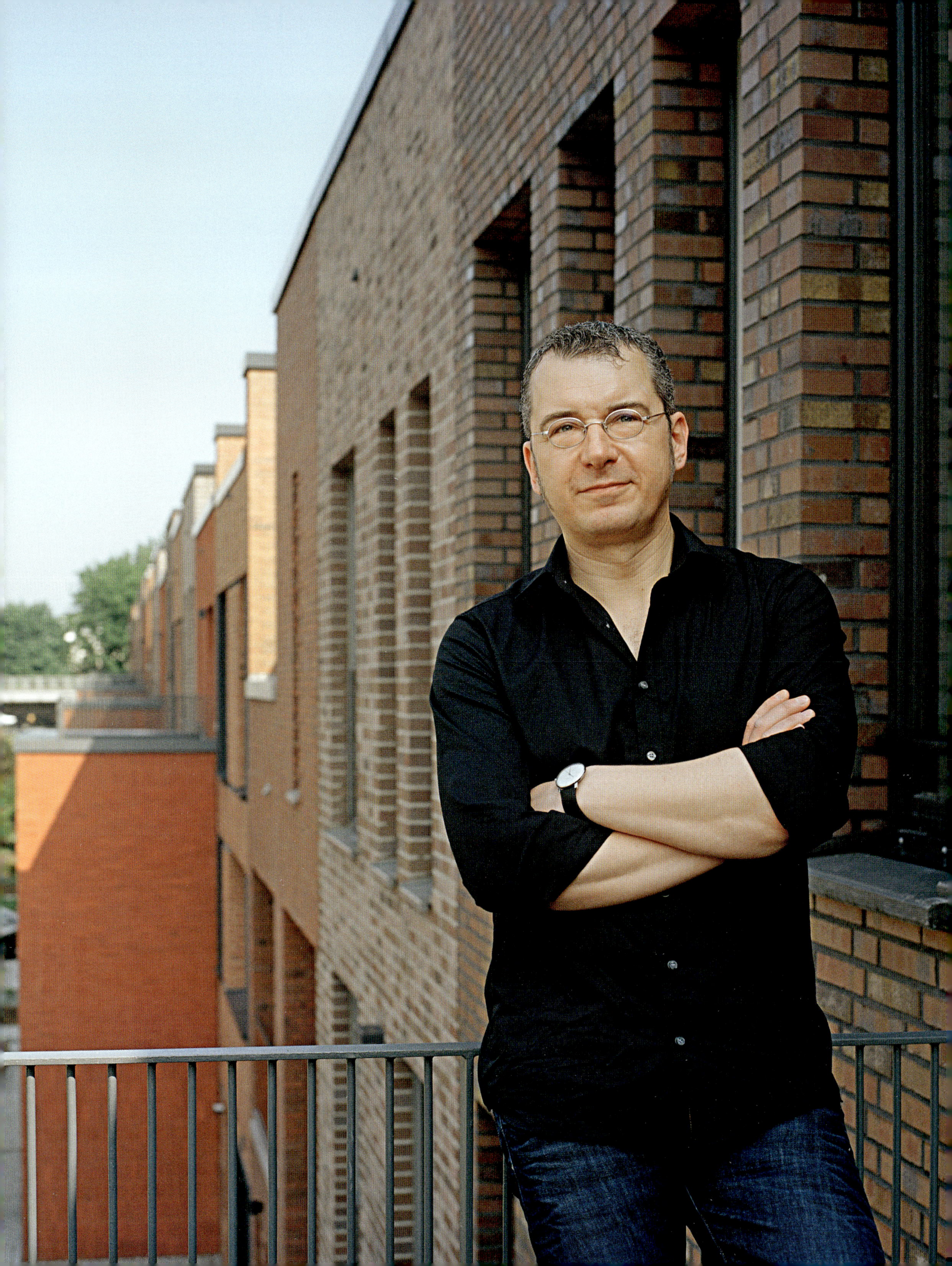

BÜRO**PHILOSOPHIE**

PLANWERKEINS ARCHITEKTEN entwickeln seit 1999 erfolgreich realisierbare Konzepte für architektonische, räumliche und gesellschaftliche Fragestellungen in allen Maßstäben und bearbeiten Projekte ganzheitlich von der Grundlagenermittlung bis zur Übergabe. Ihre Arbeit zeichnet sich durch eine undogmatische Vorgehensweise aus, die lösungsorientiert das optimale Ergebnis ermöglicht und Werte schafft. Hierbei ist vor allem die von **PLANWERKEINS ARCHITEKTEN** gepflegte, offene Kommunikationsstrategie zwischen allen Planungsbeteiligten entscheidend. Besonders vorteilhaft ist die langjährige Erfahrung im konstruktiven Dialog mit Behörden und deren Fachabteilungen, um den reibungslosen Informationsaustausch sicherzustellen. **PLANWERKEINS ARCHITEKTEN** vertreten Architektur, die im individuellen Kontext entsteht und zeitgenössisch modern gestaltet ist, ohne modisch zu sein.

DIE **ARCHITEKTEN**

AUSGESUCHTE **PROJEKTE**

Wohnblöcke in der Hamburger Henriettenstraße (oben) und in der Neuen Mitte Altona (geplant; unten)

III.

MAKING OF
upTOWNHOUSES

26 STADTHÄUSER sind auf dem Gelände der ehemaligen Frauenklinik Finkenau entstanden – keines ist breiter als 6,50 Meter, allerdings auch nicht schmaler als 4,75 Meter.
Eine Dokumentation vom Beginn der Bauarbeiten 2015 bis zur Fertigstellung

2015

Das Abenteuer beginnt: Gründungsarbeiten und Bau der Tiefgarage

Spielerisch planen und entwerfen: Bemusterungen von Ziegel und Fensterdetails mit Oberbaudirektor Prof. Jörn Walter

MAKING OF **upTOWN**HOUSES

2016

Dem Richtfest entgegen. Einmal dem Erdreich entwachsen, geht alles ganz schnell – Momentaufnahmen aus dem Jahr 2016.

August 2016: Das Richtfest ist ein Fest für alle – vom Stift bis zum Chef, vom Oberbaudirektor bis zum zukünftigen Bewohner.

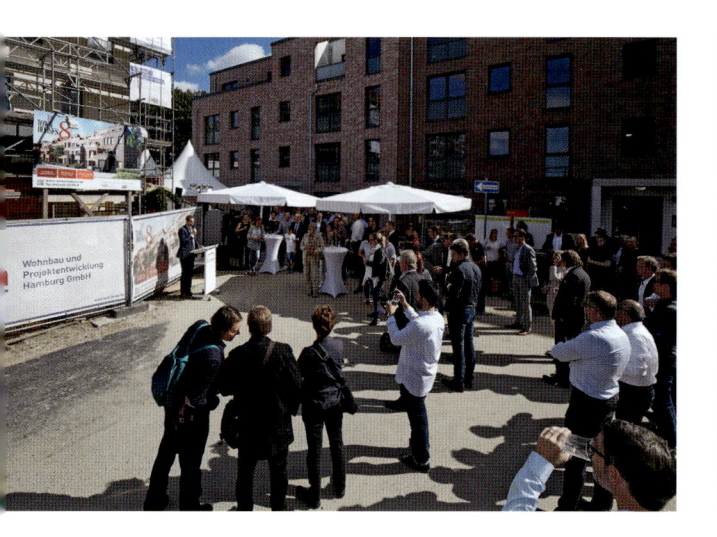

MAKING OF **upTOWN**HOUSES

Der Fertigstellung entgegen – Momentaufnahmen Ende 2016: Garten- (oben) und Straßenansicht

129

2017

An der Gartenseite und Straßenseite reflektieren die Gärten und Rabatten die grafische Ordnung der Fassaden.

MAKING OF **upTOWN**HOUSES

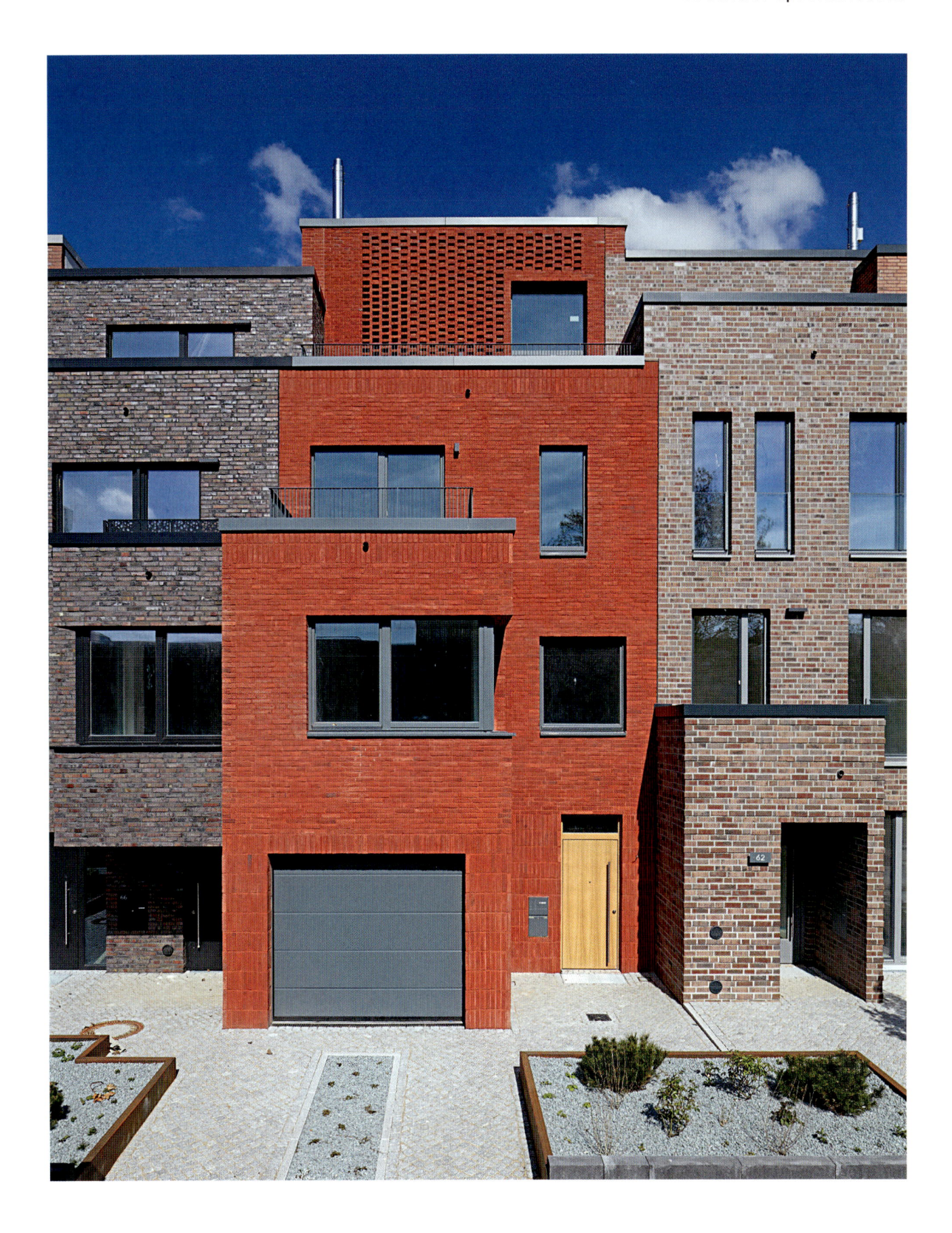

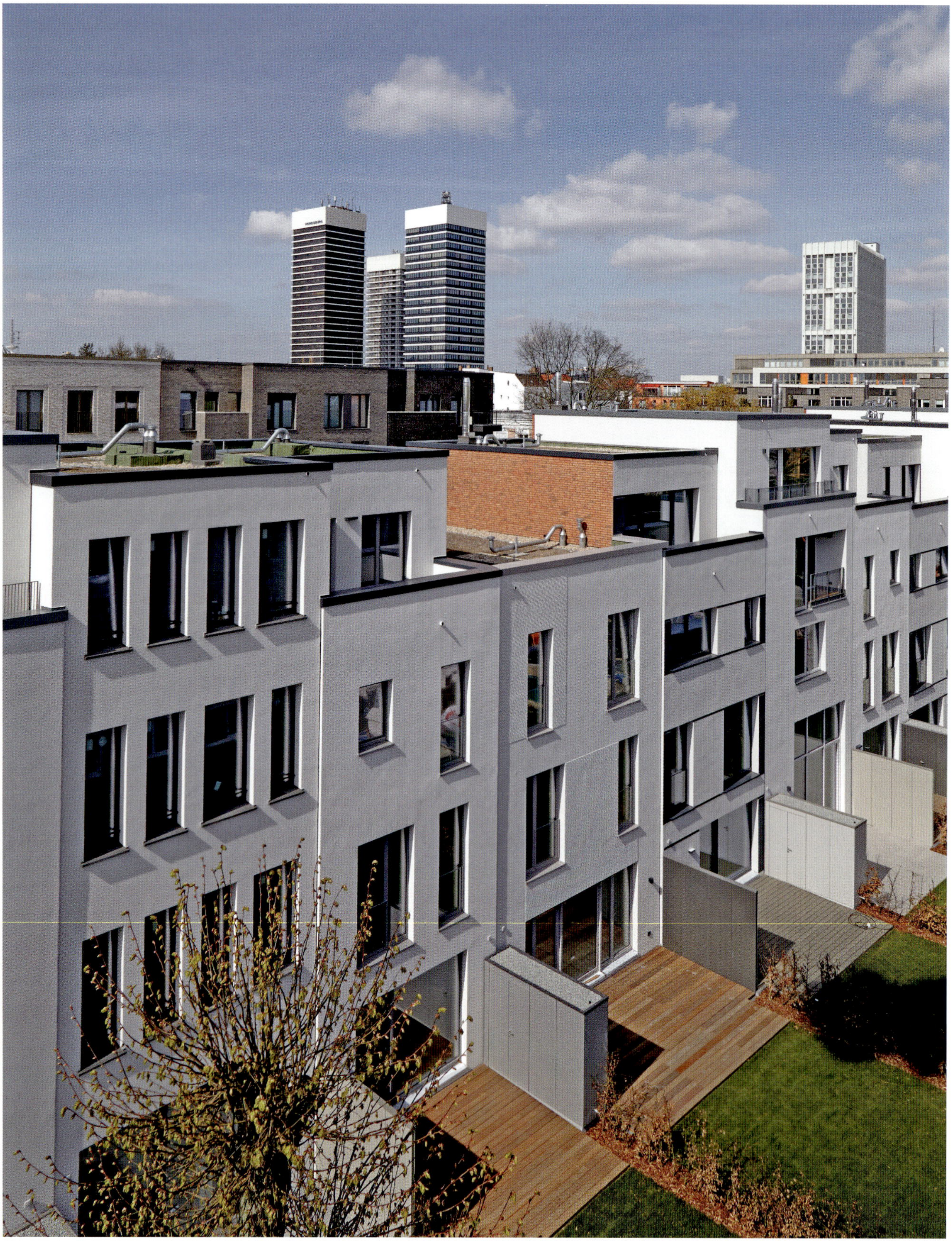

MAKING OF **upTOWN**HOUSES

Zum Garten sind die Fassaden genauso aufwendig porportioniert und angelegt wie nach vorn.

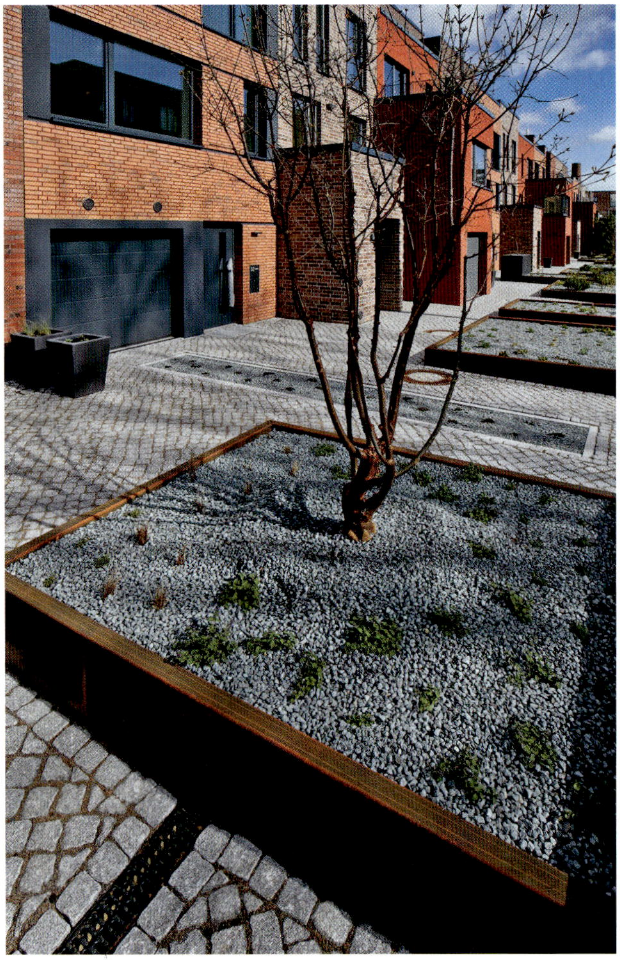

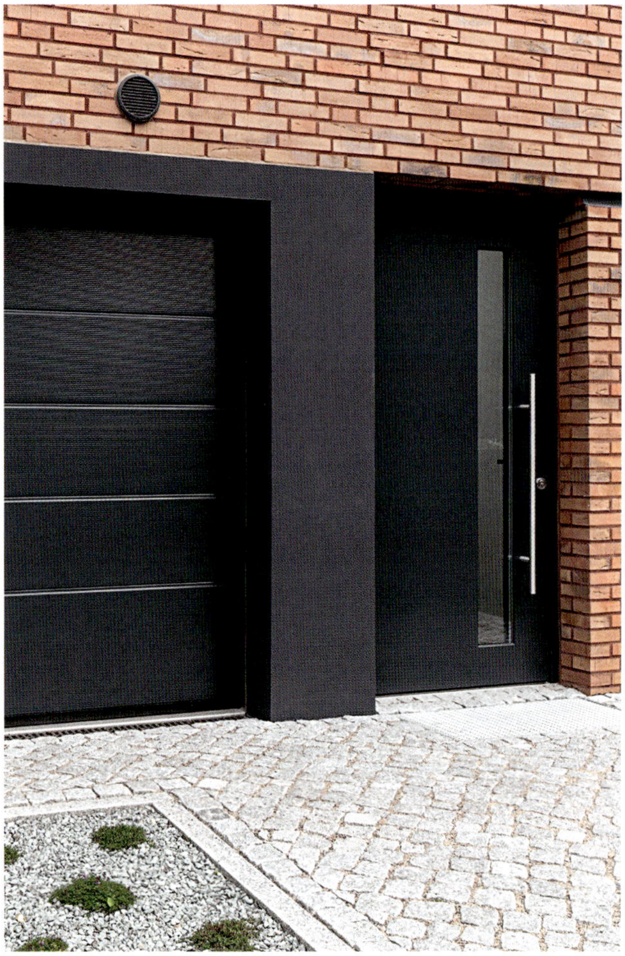

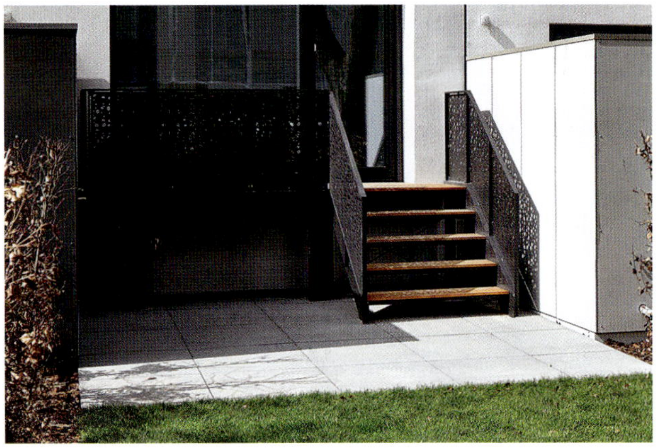

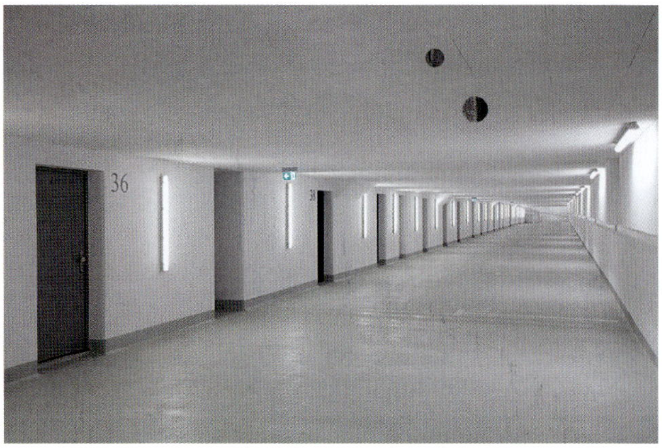
36

MAKING OF **upTOWN**HOUSES

Man kann nicht alles neu erfinden, aber alles neu detailliert durcharbeiten – vom Vorgarten bis zur Tiefgarage.

Stadthäuser sind vertikal orientiert und organisiert: Licht(-schächte) und Treppen stellen Verbindungen ganz unterschiedlicher Art zur Vefügung.

MAKING OF **upTOWN**HOUSES

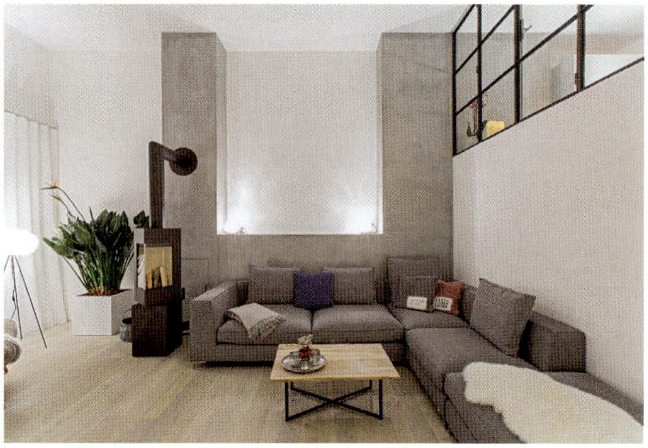

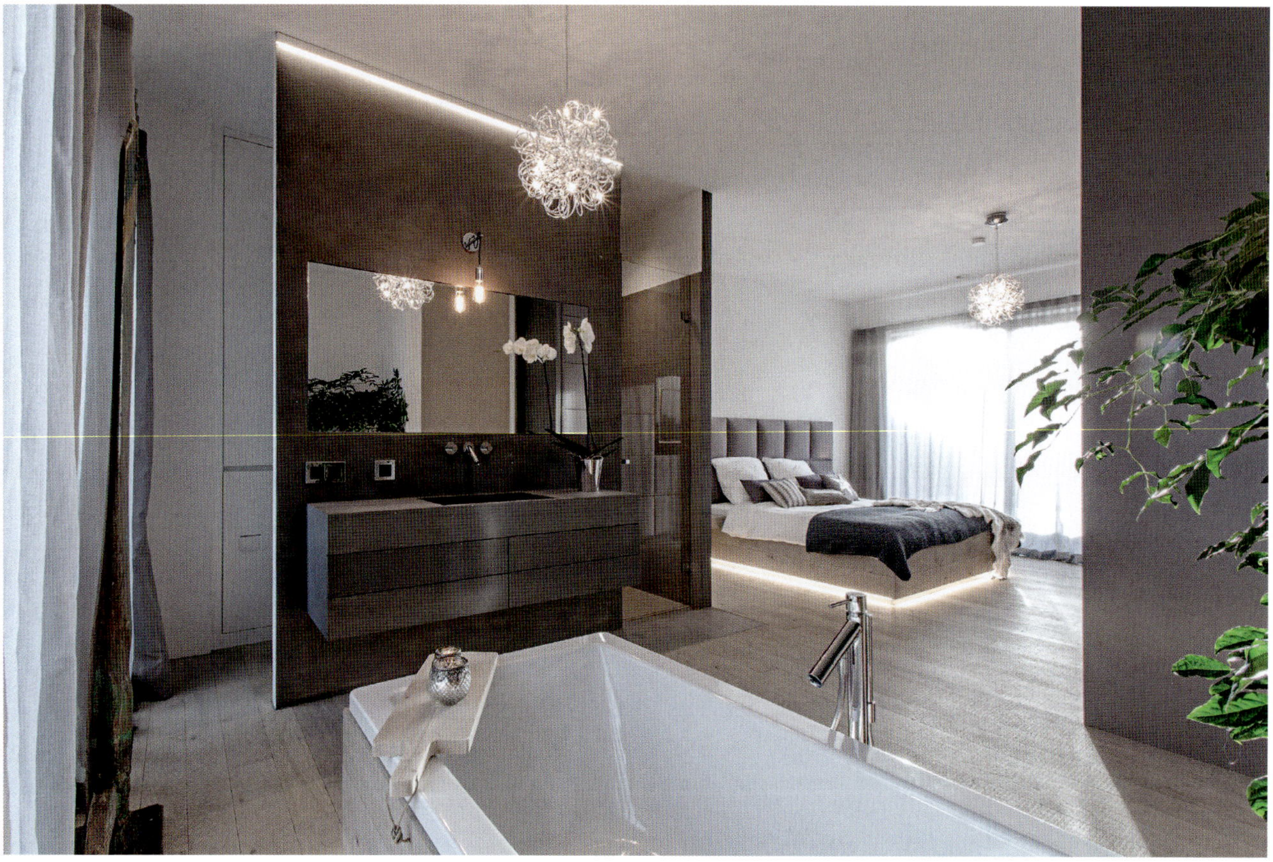

Die Innenarchitektur ist so stark, dass man eigentlich gar nicht oder wenig einrichten muss. Wenn aber, dann ist alles möglich (linke Seite: Bilder aus dem urprünglichen Musterhaus).

BAUMSCHLAGER EBERLE ARCHITEKTEN

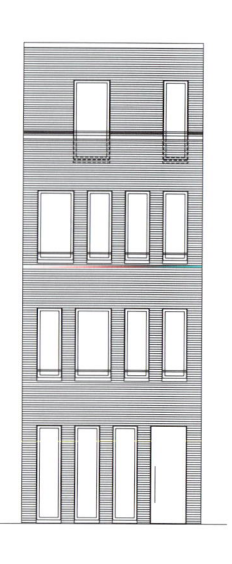

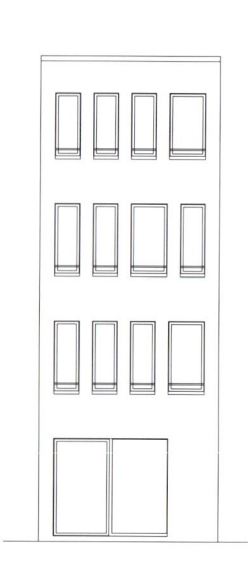

SCHNITT   ANSICHT | **STRASSE**   ANSICHT | **GARTEN**

MAKING OF **upTOWN**HOUSES

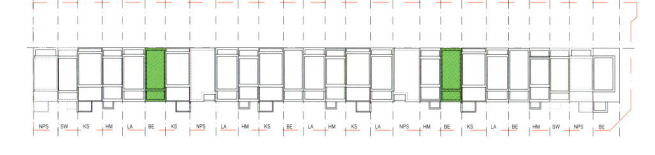

Haustiefe 12,94 m
Hausbreite 5,0 m
KG ~19,0 m² NF
EG ~53,5 m²
1. OG ~47,8 m²
2. OG ~46,5 m²
Staffel ~40,3 m²
Total ~188,1 m² WFl

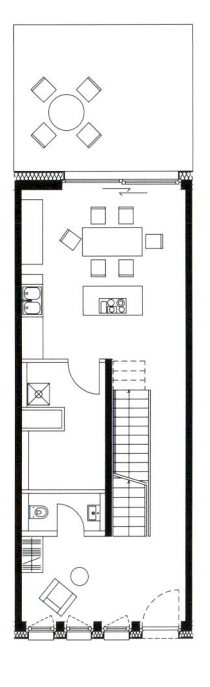

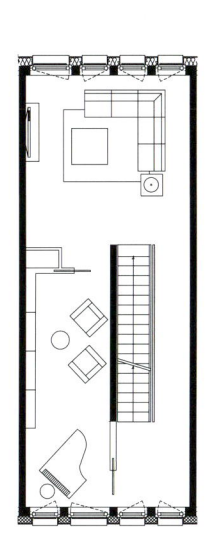

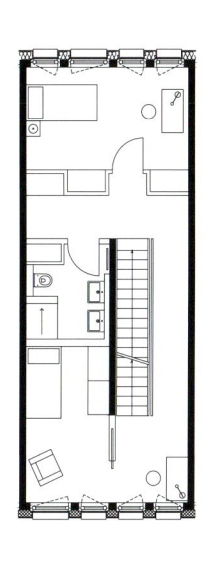

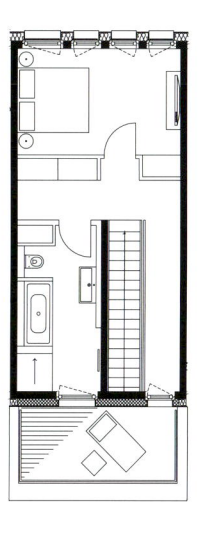

EG   1.OG   2.OG   STAFFEL

BAUMSCHLAGER EBERLE ARCHITEKTEN

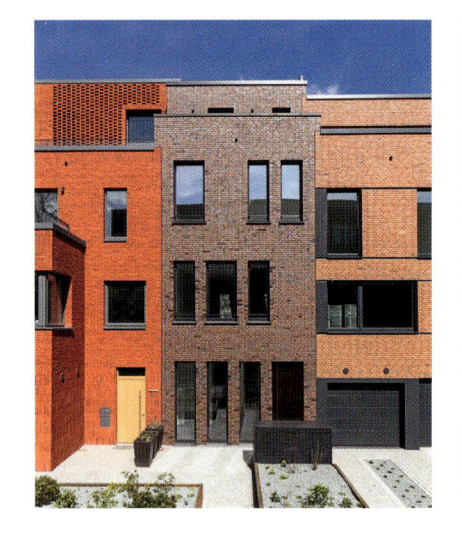

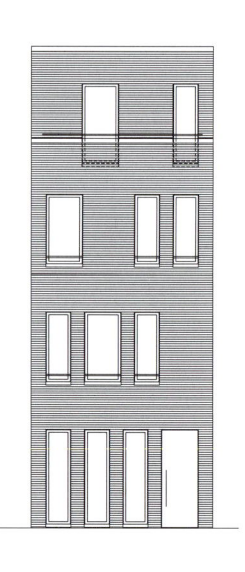

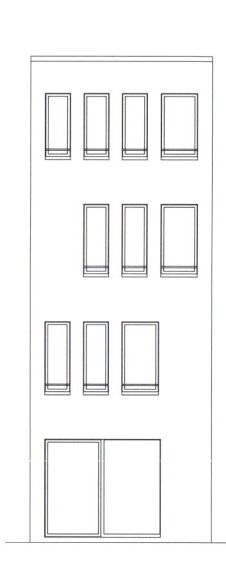

SCHNITT ANSICHT | **STRASSE** ANSICHT | **GARTEN**

MAKING OF **upTOWN**HOUSES

Haustiefe 12,94 m
Hausbreite 5,0 m
KG ~19,0m² NF
EG ~53,2 m²
1. OG ~47,5 m²
2. OG ~46,5 m²
Staffel ~40,3 m²
Total ~187,5 m² WFl

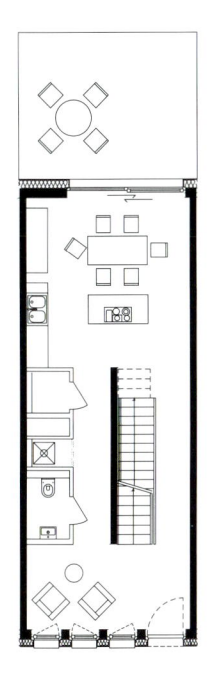

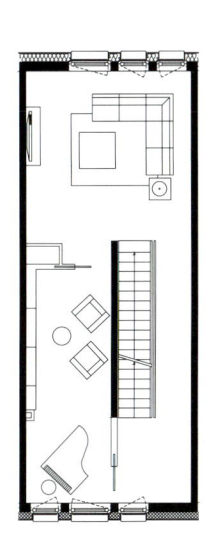

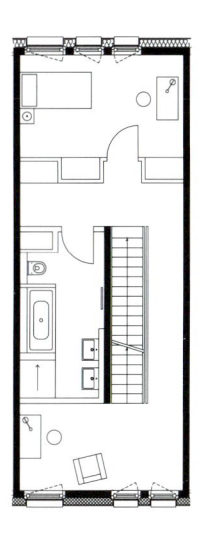

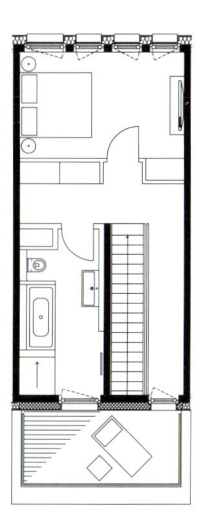

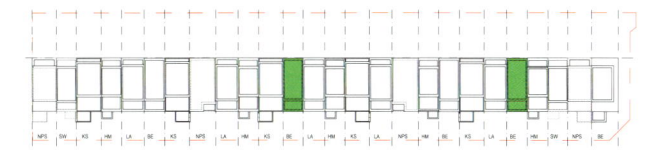

EG 1.OG 2.OG STAFFEL

BAUMSCHLAGER EBERLE ARCHITEKTEN

SCHNITT | ANSICHT | **STRASSE** | ANSICHT | **GARTEN**

MAKING OF **upTOWN**HOUSES

Hausbreite 6,5 m
Haustiefe 13,0 m (Regeltiefe exkl. Vorbau)
KG ~71,3 m² NF
EG ~20,4 m² NF
EG ~56,6 m²
1.OG ~65,5 m²
2.OG ~60,4 m²
Staffel ~41,3 m²
Total ~223,8 m² WFl

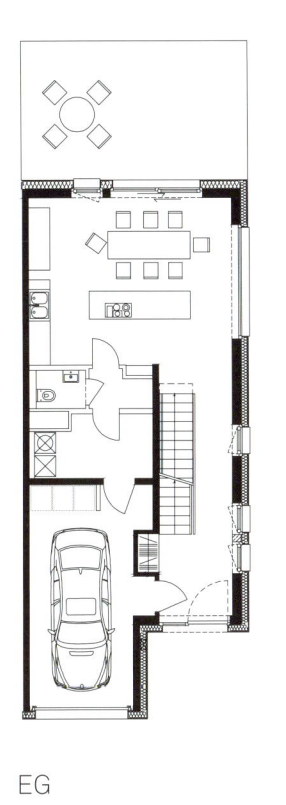

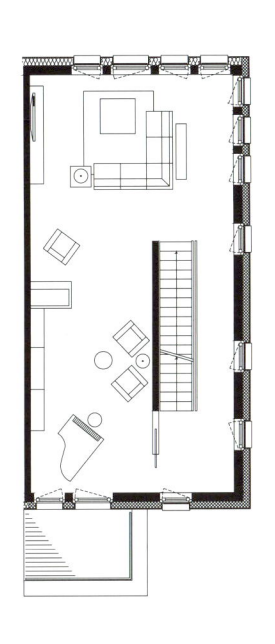

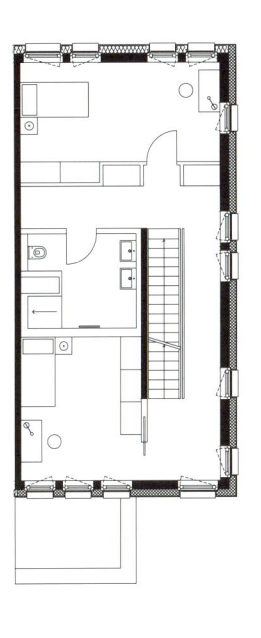

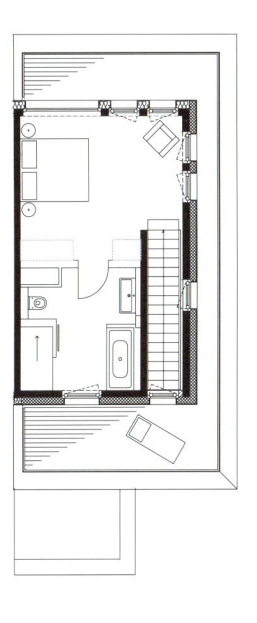

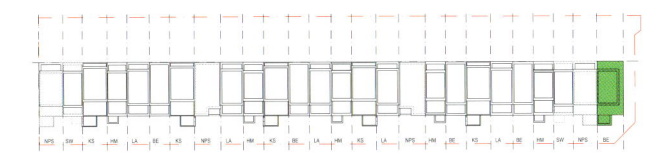

EG   1.OG   2.OG   STAFFEL

HEITMANN MONTÚFAR ARCHITEKTEN

SCHNITT ANSICHT | **STRASSE** ANSICHT | **GARTEN**

MAKING OF **upTOWN**HOUSES

Haustiefe 13,0 m
(Regeltiefe exkl. Vorbau)
Hausbreite 5,0 m
KG ~22,4 m² NF
EG ~54,7 m²
1.OG ~49,3 m²
2.OG ~47,3 m²
Staffel ~35,6 m²
Total ~186,9 m² WFl

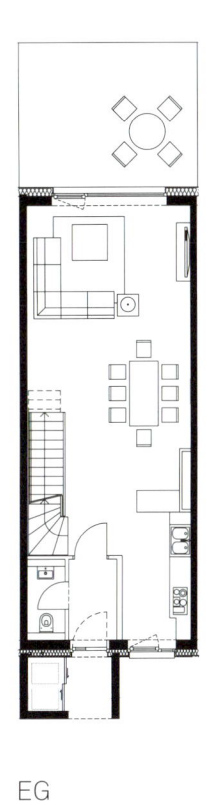

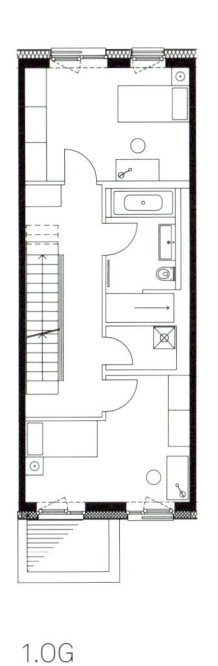

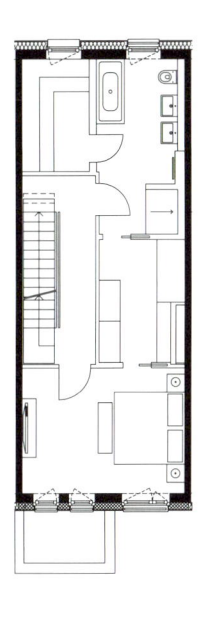

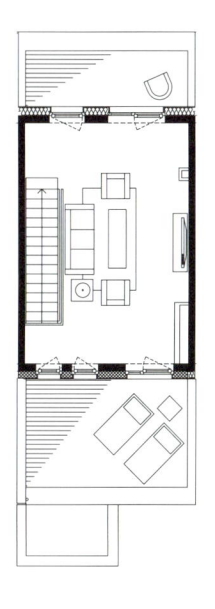

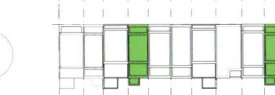

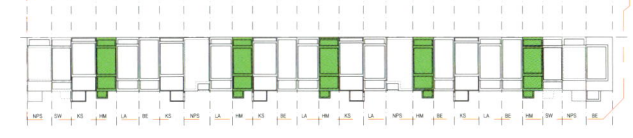

EG   1.OG   2.OG   STAFFEL

KRAUS SCHÖNBERG

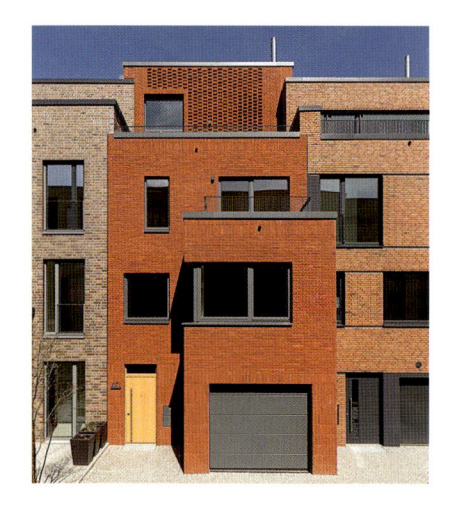

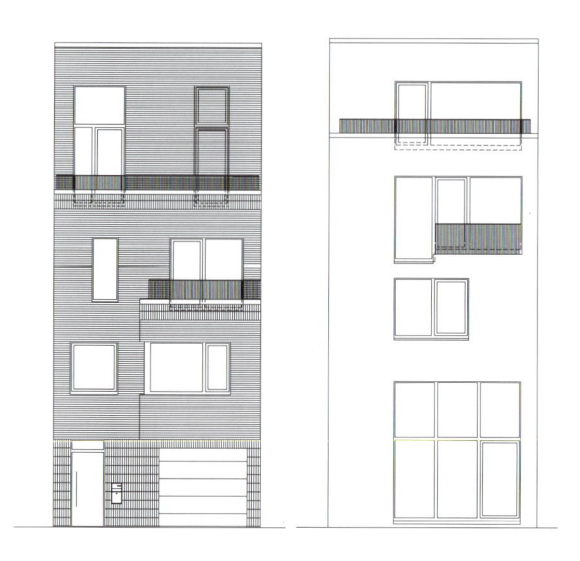

SCHNITT ANSICHT | **STRASSE** ANSICHT | **GARTEN**

MAKING OF **upTOWN**HOUSES

Haustiefe 13,0 m
(Regeltiefe exkl. Vorbau)
Hausbreite 6,0 m
KG ~29,1 m² NF
EG ~17,8 m² NF
EG ~51,1 m²
1. OG ~67,2 m²
2. OG ~57,9 m²
Staffel 41,6 m²
Total 217,8 m² WFl

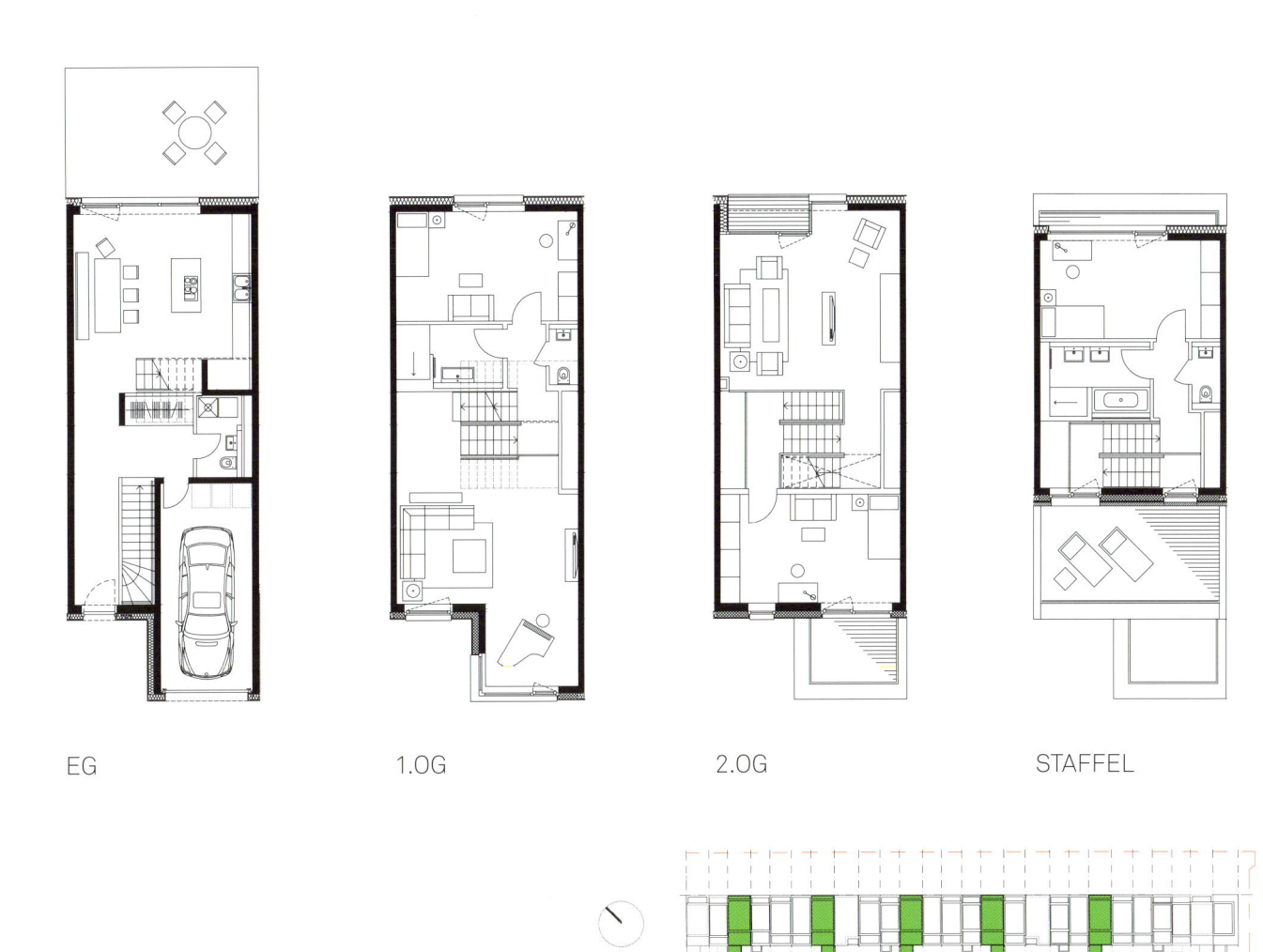

EG   1.OG   2.OG   STAFFEL

LA'KET ARCHITEKTEN

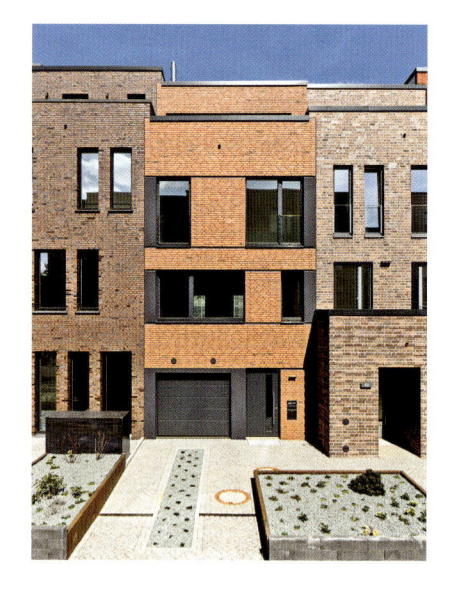

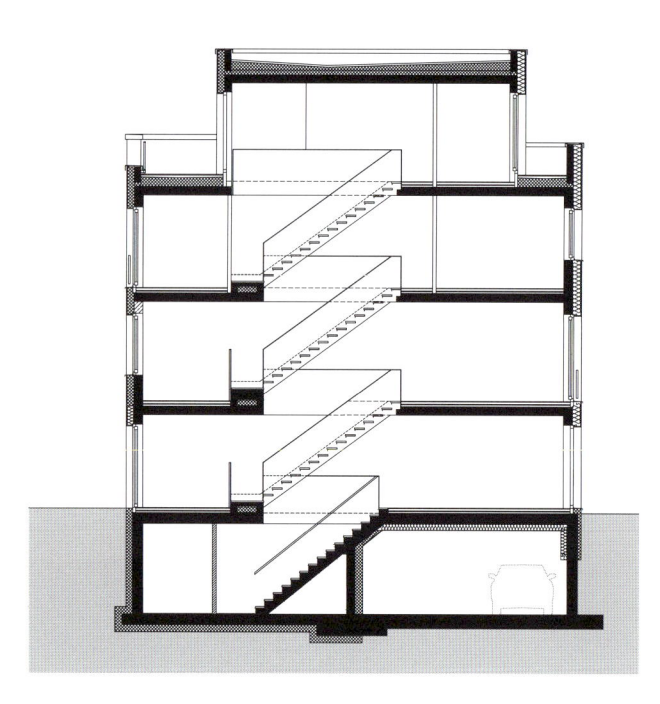

SCHNITT

ANSICHT | **STRASSE**   ANSICHT | **GARTEN**

MAKING OF **upTOWN**HOUSES

Haustiefe 13,0 m
Hausbreite 5,5 m
KG ~26,5 m² NF
EG ~16,3 m² NF
EG ~43,4 m²
1.OG ~54,5 m²
2.OG ~53,0 m²
Staffel ~41,7 m²
Total ~192,6 m² WFl

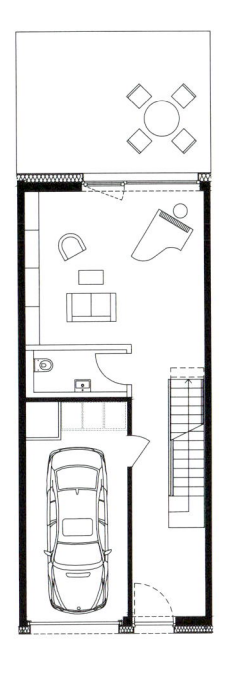

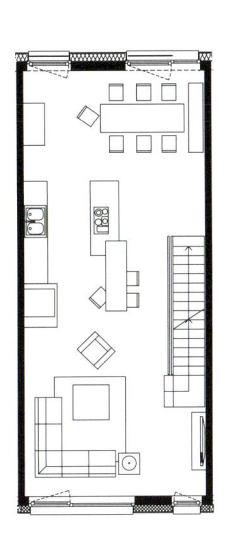

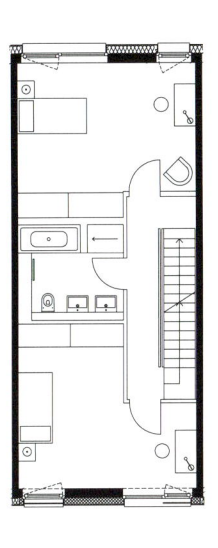

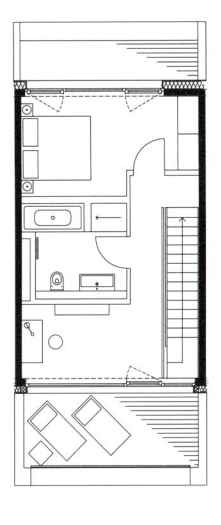

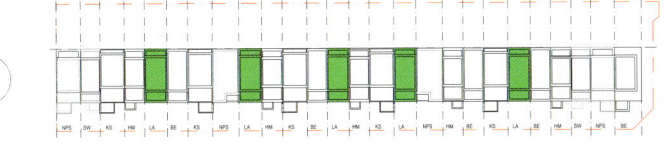

EG   1.OG   2.OG   STAFFEL

SPENGLER WIESCHOLEK ARCHITEKTEN STADTPLANER

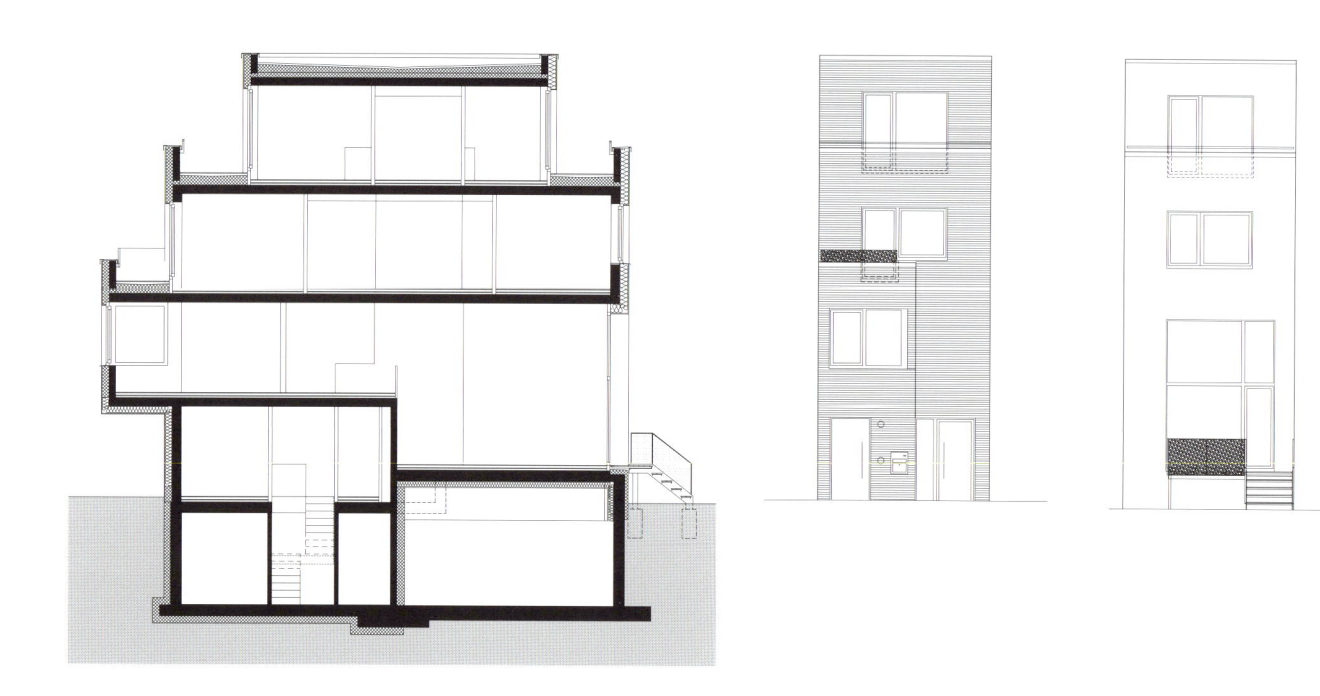

SCHNITT   ANSICHT | **STRASSE**   ANSICHT | **GARTEN**

MAKING OF **upTOWN**HOUSES

Haustiefe 13,0 m
(Regeltiefe exkl. Vorbau)
Hausbreite 4,75 m
KG ~17,2 m² NF
EG ~4,4 m² NF
EG ~42,6 m²
1. OG ~26,5 m²
2. OG ~43,8 m²
Staffel ~35,0 m²
Total ~147,9 m² WFl

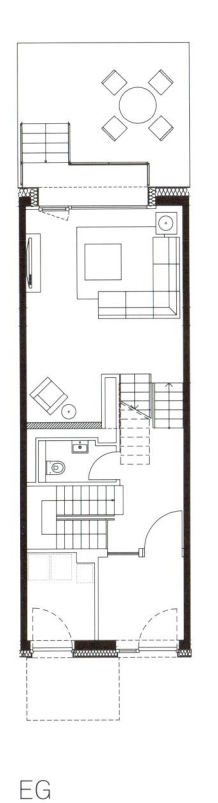

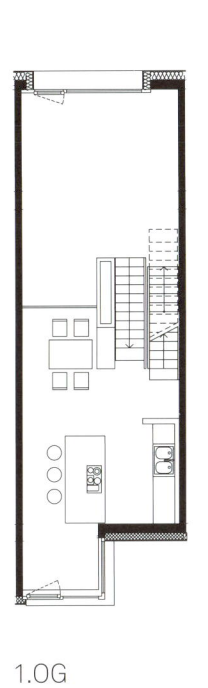

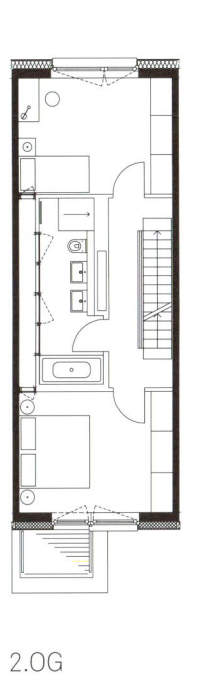

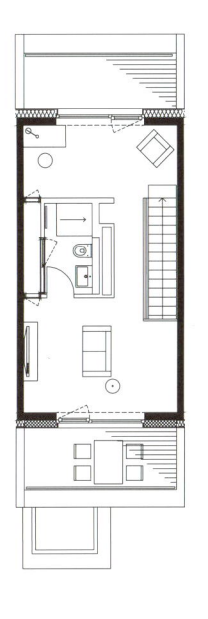

EG   1.OG   2.OG   STAFFEL

TCHOBAN VOSS ARCHITEKTEN

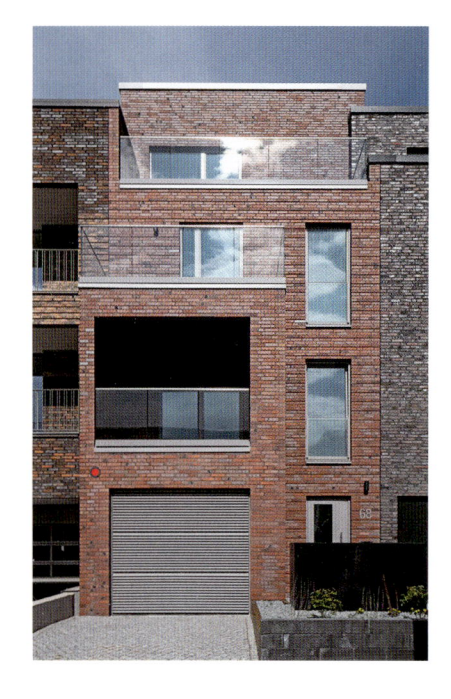

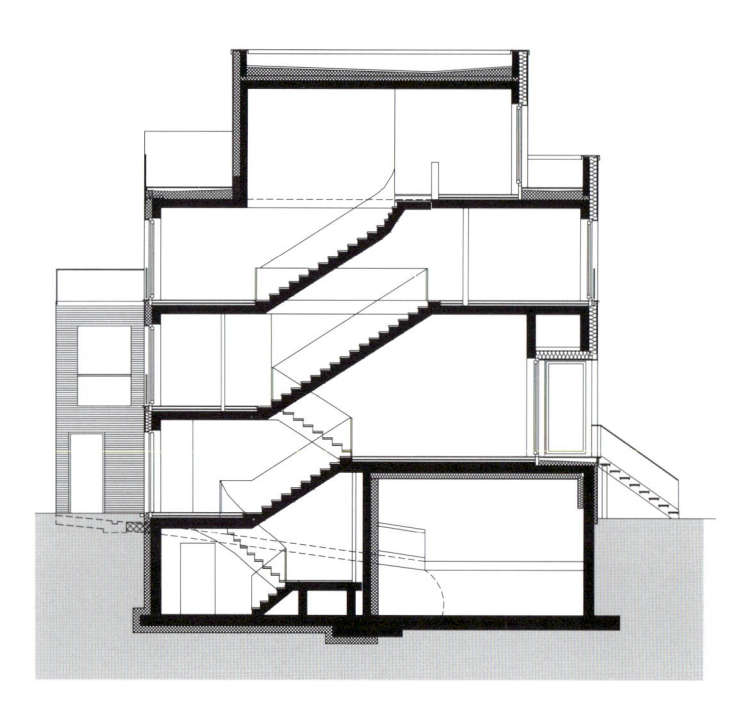

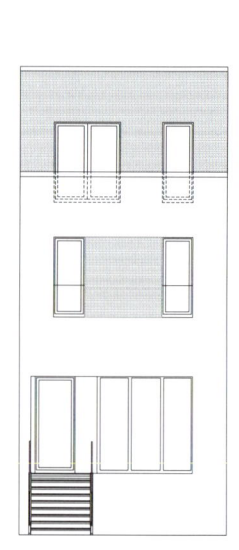

SCHNITT

ANSICHT | **STRASSE**

ANSICHT | **GARTEN**

MAKING OF **upTOWN**HOUSES

Haustiefe 13,0 m
(Regeltiefe exkl. Vorbau)
Hausbreite 5,88 m
KG ~31,0 m² NF
EG ~39,6 m²
1. OG ~29,2 m²
2. OG ~60,7 m²
Staffel ~44,0 m²
Total ~173,5 m² WFl

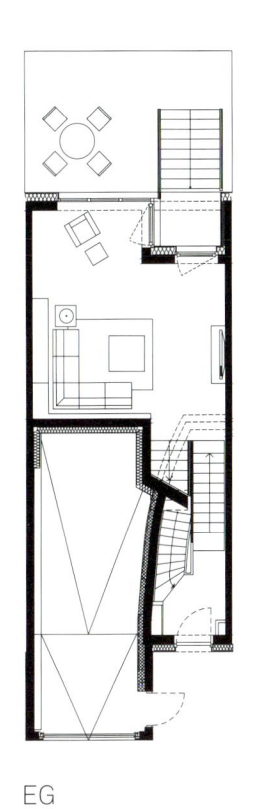

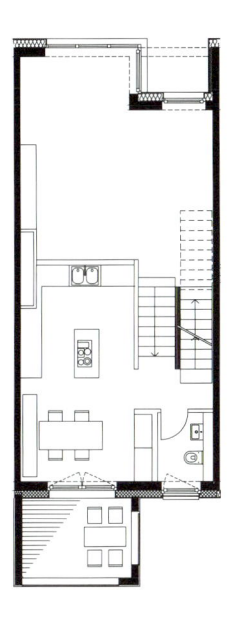

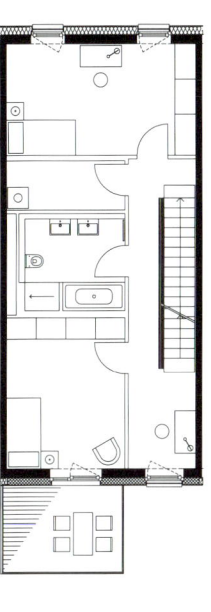

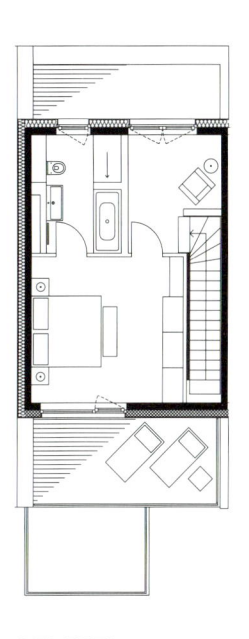

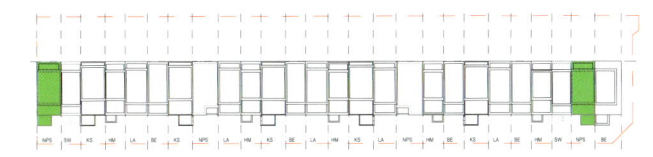

EG   1.OG   2.OG   STAFFEL

TCHOBAN VOSS ARCHITEKTEN

SCHNITT ANSICHT | **STRASSE** ANSICHT | **GARTEN**

MAKING OF **upTOWN**HOUSES

Haustiefe 13,0 m
Hausbreite 6,5 m
KG ~23,8 m² NF
EG ~2,5 m² NF
EG ~59,8 m²
1. OG ~58,7 m²
2. OG ~60,9 m²
Total ~179,4 m² WFl

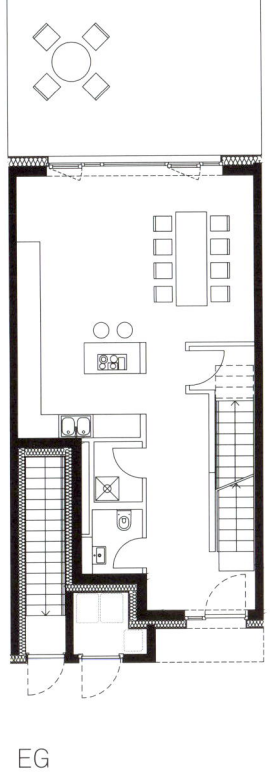

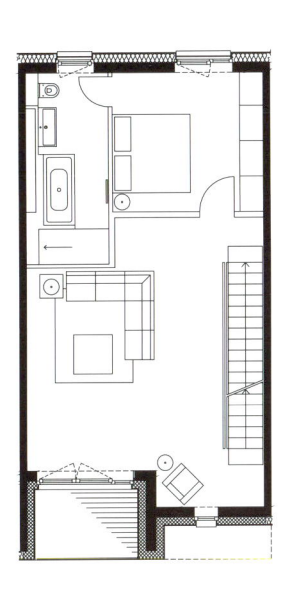

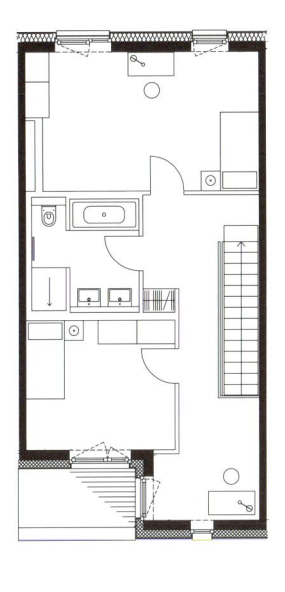

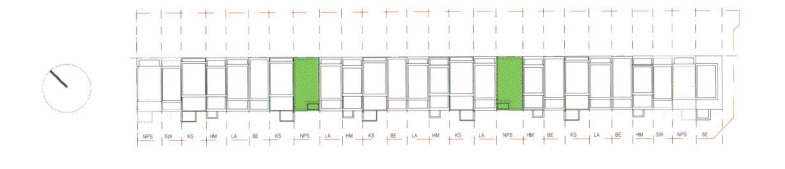

EG   1.OG   2.OG

GESPRÄCH MIT DEN AKTEUREN

EIN BLICK HINTER DIE KULISSEN EINES „UNMÖGLICHEN" PROJEKTS

GESUCHT WIRD EIN ZEITGEMÄSSER STADTHAUSTYPUS

Dirk Meyhöfer: Der Wohnungsbau in Stadthäusern auf dem Terrain der ehemaligen Frauenklinik Finkenau (Stadtteil Uhlenhorst) wird seit einem Jahrzehnt bearbeitet. Die upTownhouses als Teil der Gesamtplanung Finkenau sind im Sommer 2017 fertiggestellt worden. Welche Ziele und Gedanken haben die Freie und Hansestadt Hamburg und den zuständigen Bezirk Hamburg-Nord bei der Konversion des Finkenau-Areals bewegt?

Hans-Peter Boltres: Die zentrale Frage war: Welche Wohnangebote können wir in dieser Lagegunst, an zentraler Stelle der Stadt, in Nachbarschaft zu wichtigen Einrichtungen wie der Hamburger Meile oder der Hochschule für bildende Künste für eine möglichst breite Schicht von Hamburgern machen? Dabei hatten wir Hausmodelle aus der ersten Gründerzeit, wie sie jenseits des Eilbekkanals stehen, im Auge und wollten sie in die heutige Zeit transformieren. Man muss ja Dinge nicht immer neu erfinden, die schon existieren und sich bereits bewährt haben. Wie schafft man es, sparsam mit Grund und Boden umzugehen? Wie hält man Haushalte in der Stadt, die vielleicht sonst in den Hamburger Speckgürtel ziehen würden?

Wir waren sehr froh über den Siegerentwurf im ersten städtebaulichen Wettbewerb von Professor Martinoff, weil er diese programmatischen Anforderungen mit einer sinnvollen städtebaulichen Konzeption vereinbaren konnte. Dieser Entwurf bot mit der doppelseitigen Erschließung von der Oberaltenallee bis zum Eilbekkanal eine höchst sinnfällige, wenn auch nicht ausschließlich wirtschaftliche Lösung. Außerdem hat dieser Vorschlag problematische Setzungen durch das zuvor entstandene Alten- und Pflegeheim städtebaulich sehr gut pariert. Für mich als bezirklicher Planer war es ein Glücksfall, dass die Grundstücksvergabe als eine der ersten sogenannten Konzeptausschreibungen erfolgte und wir als Bezirk an den Inhalten der Ausschreibung maßgeblich mitwirken konnten.

Dirk Meyhöfer: Das Grundstück gehörte der Freien und Hansestadt Hamburg?

Hans-Peter Boltres: Die Immobilie war im Besitz des Hamburgischen Versorgungsfonds, einer

Ausgründung aus der Freien und Hansestadt, deren Zweck darin besteht, Grundstücke ehemaliger Versorgungsheime beziehungsweise Krankenhäuser zu veräußern und die Pensionskassen der Krankenhausmitarbeiter zu füllen. Es gab noch viele Altlasten, die der Zerstörung im Zweiten Weltkrieg geschuldet waren. Was da alles im Boden gefunden wurde, ist eigentlich heute nicht mehr vorstellbar und führte dazu, dass viele alte Bäume, die man eigentlich behalten wollte, gefällt werden mussten. Außerdem war die Finkenau Mitte der 2000er Jahre ein Vorzeigeprojekt für ökologische Themen – eine echte Herausforderung, den Arten- und Biotopschutz, energiesparendes Bauen sowie Klimaschutzthemen mit ihren entsprechenden rechtlichen Belangen mit einem guten städtebaulichen Konzept unter einen Hut zu bekommen.

Ole Klünder: Die wph hat schon 2006 die Konversionsflächen der Finkenau als eine der spannendsten ihrer Art identifiziert, die es momentan in Hamburg gibt. Wir glaubten daran, dass genau hier der traditionelle Hamburger Typus des Stadthauses wieder auferstehen könnte und haben uns entsprechend früh mit affinen Architekten kurzgeschlossen. Wir haben dann für uns geklärt, ob auf diesem Baufeld Stadthausarchitektur im vorhandenen Kontext und den vorgegebenen Strukturen funktionieren kann – nicht nur ökologisch, sondern auch ökonomisch.

Dirk Meyhöfer: Das historische Stadthaus hatte auf jeweils eigener Parzelle individuelle Bauherren. Aber der Landesbetrieb Immobilienmanagement der Stadt Hamburg, zuständig für die Vergabe der Grundstücke, konnte eine solch aufwendige Käuferstruktur nicht bewältigen und vergab deswegen an einen Projektentwickler?

Simon Vollmer: Ja und städtebaulich wurde eine Vielfalt der Häuser verlangt – mit unterschiedlichen Höhen und Breiten sowie abwechslungsreichen Fassadenmaterialien. Da müssen wir als Projektentwickler für alle eine gemeinsame, harmonische Lösung finden. Und das haben wir auch hinbekommen, weil sechs unterschiedliche Architekten mit 26 Häusern genügend Vielfalt garantieren.

WER KAUFT, WER WOHNT HIER EIGENTLICH?

Dirk Meyhöfer: Eigentlich sind es sieben. Denn zusätzlich zu den Entwurfsarchitekten wurden Planwerkeins Architekten beauftragt, die Ausführungsplanung für alle Stadthausentwürfe und die Leistungsphasen 4 und 5 zu betreuen. Entsteht dabei nicht ein Konfliktpotenzial, wenn man Individualität dann wieder aus wirtschaftlichen Gründen zurücknehmen muss?

Julian Hamperl: Unsere Aufgabe bestand tatsächlich in der Herausforderung, aus den gewollt heterogenen Stadthausentwürfen ein wirtschaftlich konstruierbares Ensemble zu machen, dabei aber die jeweilige Individualität der 26 Häuser nicht aufzugeben. Da wir unter anderem auch über eine langjährige Ausführungsplanungserfahrung im Dialog mit Kollegen verfügen, hat das letztendlich sehr gut funktioniert.

Timm Schönberg: Ein solches Projekt benötigt einen ausführenden Architekten. Wir haben auch im benachbarten Baufeld geplant. Weil es dort keinen Koordinator gab und gibt, wurden Konflikte nicht beherrscht. Eine gute Betreuung durch die Ausführungsarchitekten muss man genießen und sich nicht divenhaft als der Entwerfer profilieren. Das klappt auch, wenn die Entwürfe stark genug sind. Dann kann man sehr gut verkraften, wenn man nicht jedes eigene Detail eins zu eins wiedersieht.

Nikolaus Ditting: Ich sehe das als der ausführende Bauunternehmer ähnlich. Bei diesem Projekt handelt es sich, für Hamburg betrachtet, um etwas Besonderes, denn es ist ein sehr individuelles Projekt auf höchstem Niveau. Die Käufer bekommen hier etwas Einzigartiges; das bezieht sich auf die Planung und die gleich hohe Bauqualität für alle 26 Einzelhäuser.

Hans-Peter Boltres: Als einer der Urheber dieser Konstruktion kann ich sagen: Die städtebauliche Leitvorstellung war es, Parzellen zu schneiden und darauf einzelne Häuser zu stellen. Das war mit dem Landesbetrieb Immobilienmanagement nicht gegeben. Das gegenüberliegende Projekt der Baugemeinschaft kommt diesem Gedanken dann wohl näher, weil man differenzierbare Bauherren hat und nicht einen, der 26 vertritt. Das ist schon ein Unterschied. In unserem Fall ist dann der Kompromiss gesucht worden, ein halbes Dutzend unterschiedlicher Haustypen für 26 Käufer auf vorgeschriebenen Parzellierungen durch einen Entwickler zu bauen.

Dirk Meyhöfer: Die Menschen, die solche Häuser kaufen sollen, denken erst einmal an Kosten- und Planungssicherheit wie bei einem Produkt, anders als Kreative, die tolle Architektur und Räume generieren wollen. Der Käufer braucht im Prinzip die Sicherheit und Erfahrung eines etablierten Bauträgers, gepaart mit der Entwurfs- und Designerfahrung sehr guter Architekten. Wer kauft denn hier?

Jens Clasen: Wir wollen architektonisch und technisch anspruchsvolle Stadthäuser schaffen, die marktfähig sind. Ich habe unzählige persönliche Gespräche mit Interessenten geführt, die sich auf diese Lage fokussiert haben und die in der Erwartung so heterogen sind, wie man es sich nur vorstellen kann. Eine dermaßen breite Zielgruppe für ein Neubauprojekt war auch für uns eine neue Situation. Nicht nur die zu erwartende etablierte Familie zwei plus zwei, sondern ein extrem breites Feld, das von gleichgeschlechtlichen Lebensbünden bis zum 60-jährigen Rückkehrer aus dem Ausland reicht. In unserer Zielgruppenmatrix war das nicht vorgesehen. Alle haben allerdings eines gemein: Sie sind erfolgreiche, urbane Menschen und die meisten besitzen internationale Erfahrungen.

WAS WIRD VON EINEM STADTHAUS ERWARTET?

Dirk Meyhöfer: Was ist heute am wichtigsten für ein solches, ambitioniertes Projekt?

Jens Clasen: Architektur, die abwechslungsreich ist. Und wenn sie räumlich gelungen ist. Es gibt beispielsweise das Angebot des Split-Level der Architekten Kraus Schönberg. Das ist sehr kompakt auf der kleinen Geschossfläche von nur 55 Quadratmetern. Das Haus lebt von innen nach außen – mit fünf außenliegenden Dachterrassen, Loggien und Balkonen. Das sind keine normalen Reihenhäuser – das ist in meiner Auffassung Baukunst!

Simon Vollmer: Danke für das Kompliment, aber ich erinnere mich, wie schwierig es war, ein solches Konzept zu starten und am Markt durchzusetzen – also einzeln ablesbare Häuser für individuelle Bauherren zu bauen. Dabei mussten wir uns gegen sehr starke Projektentwicklerkonkurrenz durchsetzen. Wir haben deswegen auf den liebevollen architektonischen Entwurf gesetzt. Wir haben gesehen, dass dies dem besonderen Ort bei dieser Lage und Vergangenheit gerecht wird. Schönheit ist für mich auch ein Wort für Nachhaltigkeit, sie entsteht dadurch, dass ein Haus über den geplanten Zyklus hinaus interessant und lebenswert bleibt.

Dirk Meyhöfer: Wer ist denn heute in der Lage, mit der entsprechenden Kosten- und Termingarantie ein solch kompaktes und komplexes Ensemble zu bauen?

Ole Klünder: Es ist tatsächlich schwierig, Generalunternehmer und Bauunternehmer zu finden, die das alles kostengerecht umsetzen können. Denn wir haben es immer weniger mit Handwerksbetrieben zu tun, die von 6 bis 17 Uhr regelmäßig die Baustelle beschicken können, weil sie Nachwuchsprobleme haben. Wir sind sehr froh, dass wir hier mit der Firma Ditting einen Bauunternehmer haben, der sich den komplizierten Qualitätsansprüchen dieses Bauwerks gestellt hat.

Nikolaus Ditting: Diese Komplexität ist schon eine richtige Herausforderung für uns gewesen. Ich denke aber, wenn es auf komplexe und individuelle Lösungen mit handwerklichen Ansprüchen ankommt, ist der Mittelstand dafür bestens aufgestellt.

Dirk Meyhöfer: Gibt es denn in Deutschland noch genügend qualifizierte und bezahlbare Handwerker für solche Bauaufgaben?

Nikolaus Ditting: Die guten Handwerker werden knapp. Anspruchsvolle Architektur durchzusetzen, ist aber gleichermaßen eine Sache der durchdachten Planung. Für mich ist Architektur dann gut, wenn sie auch baubar ist. Das geht nur im Zusammenspiel von entsprechenden Planern, Architekten, den Bauunternehmungen und ihren Handwerkern. Und das ist ja bei den upTownhouses vorbildlich der Fall und zukunftsfähig.

Dirk Meyhöfer: Werden wir uns eine solche Kleinteiligkeit auch in Zukunft leisten können?

Tim Philipp Brendel: Ja. Die Finkenau ist eines der ersten Projekte, die Baumschlager Eberle Architekten mit der Eröffnung des Büros 2013 in Hamburg realisieren durften und sie wurden zur Herzensangelegenheit, wegen der griffigen Körnung in einem ganz besonderen Mikrokosmos. Jeder der sechs Hochbauarchitekten konnte sich auf seinen Entwurf konzentrieren und so ist dann ein sehr interessanter Mix entstanden. Wir wussten sofort, dass dort nicht nur Familien mit zwei Kindern wohnen sollten, sondern auch Singles, Paare ohne Kinder und Kreative, die Wohnen und Arbeiten verbinden. Hier entsteht eben keine homogene Reihenhaussiedlung, sondern ein gemischtes Quartier, mit sehr schmalen Haustypen, aber mit einer strukturierten Typologie, die sich von innen nach außen abbildet.

Ingrid Spengler: Wir haben uns nie mit individuellen, freistehenden Einfamilienhäusern beschäftigt und auch keines gebaut; sie haben uns einfach nicht interessiert. Uns bewegt die Frage, wie man in der Stadt sinnvoll bauen und dabei sinnvolle Stadträume bilden kann. Wir haben ja vor gut zehn Jahren das Glück gehabt, ein Projekt auf dem Gelände des Straßenbahndepots und der Werkstätten von Falkenried in Hamburg realisieren zu können. Dabei haben wir schmale Stadthäuser in die Tragstruktur einer historischen Halle integriert. Überraschenderweise hatten die Tragachsen wechselnde Breiten, sodass unterschiedliche Fassaden mit individuellen „Gesichtern" wie von selbst entstanden. Wir nutzten die Chance, die schmalen Häuser durch „Lufträume" und Licht von oben zu erweitern. Wir haben in der Finkenau die kleinste Parzelle bekommen. Mein Partner Manfred Wiescholek hat sich gequält: Wie kriege ich da Licht hinein, wie schaffe ich es, eine Raumskulptur zu formen, wie kann hier Weite entstehen? Das haben wir dann durch das Split-Level und einen Lichttrichter geschafft, der hinter dem Bad an der Wand das Licht bis nach unten bringt – was räumliche Spannung erzeugt. Ich glaube, das ist das Besondere an den Stadthäusern, dass sie räumlich neue Sphären eröffnen. Nachteil ist natürlich, dass sie nicht barrierefrei sind, man kann sie nicht unbedingt bis ins hohe Alter nutzen. Wenn man Pech hat. Aber wenn man Glück hat, tut es einem sehr gut, Treppen zu laufen. Die Käufer bekommen ein sehr, sehr schönes Haus, schmal, mit kleinem Fußabdruck, ökologisch vernünftig. Für mich die richtige Antwort auf die Frage nach dem Wohnen in der Stadt.

Timm Schönberg: Ich bin schon vor der wph am Projekt beteiligt gewesen, als es darum ging, wie klein man die Parzelle hier überhaupt halten kann. Wir haben in der Untersuchung bei einer Breite von 4,20 Meter begonnen – das was wir für die schmalste Lösung hielten, also so klein wie möglich zu entwickeln. Für welchen Nutzer, in welcher Konstellation kann man dort bauen und worin besteht der Unterschied zu einem historischen Stadthaus? Früher spielte die Repräsentation und damit auch die Raumnutzung eine größere Rolle; es ergab sich eine Schichtung – Wohnen, Repräsentieren, Schlafen und die Zimmer für die Bediensteten. Das ist heute ja nicht mehr der Hauptinhalt eines bürgerlichen Lebens. So versucht man nicht mehr Bereiche abzutrennen, sondern das ganze Haus zu erleben. Es gibt keine festgelegten Zimmer mehr, keinen Damensalon, keinen Kaminraum. Man versucht eher die Höhe zu nutzen und die Räume zu verzahnen. Damit, wenn die Kinder oben sind, sie trotzdem etwas vom Familienleben mitbekommen – und umgekehrt.

Dirk Meyhöfer: Wie verkauft man solche individuellen Häuser?

Jens Clasen: Solche Häuser muss man von der Seele her verstehen und ganz nah dran sein, man verkauft sie nicht nach Aktenlage und Papierform wie bei einer konventionellen Eigentumswohnung. Einen Entwurf von Kraus Schönberg vom Papier her zu begreifen ...

Timm Schönberg: Wir haben es ja auch nicht so ganz begriffen ... (Gelächter). Nein – es gehört natürlich eine Portion Entwurfskompetenz dazu, der professionelles Verkaufsmanagement folgen muss.

LERNEN VON DER FINKENAU?

Dirk Meyhöfer: Einmal davon ausgehend, dass sich der derzeitige Wachstumshype abschwächt oder sich partiell umkehrt, wofür und wie sollen wir mit der Perspektive 2040 bauen? Warum denken wir nicht wieder in überschaubaren Clustern, in kompakten Quartieren und in Blocks? Könnte die Finkenau, vor allem die upTownhouses in ihrer spezifischen Mischung und Lage Vorbildcharakter entwickeln, weil diese Art von Häusern prinzipiell ein gutes Angebot an den Mittelstand ist?

Hans-Peter Boltres: Ich bin kein Fan von Adaptionen – nach dem Motto, das ist jetzt unser Konzept und das versuchen wir so häufig wie möglich anzuwenden. So funktioniert Stadt nicht. Die Fragen müssen stets neu gestellt werden: Was gibt der Ort her und was ist die richtige städtebauliche Überlegung? Und: Für wen bauen wir eigentlich? Für welche Schichten oder Kreise oder auch Sinus-Milieus sind unsere Bauten geeignet? Die Finkenau ist ein überdurchschnittlich günstiger Fall gewesen. Alles ist vorhanden: von der Bar bis zur Kunsthochschule, vom Einkaufszentrum bis zur Alster- und Citynähe. Das sind besondere Qualitäten, weil alles, was eine Stadt braucht, schon da ist. Entsprechend programmieren wir die Finkenau.

Dirk Meyhöfer: Das bedeutet was?

Hans-Peter Boltres: Was wir zuallererst wollten, war die kompakte Parzelle mit einer festgesetzten Höchstbreite. Das habe ich noch nie vorher in einem Hamburger Bebauungsplan gesehen. Das ist hier an der Finkenau unser städtebauliches Credo. Aber sind kleinteilige Parzellierungen und die künstliche Erzeugung von Vielfalt oder gar der Wunsch nach individueller Heimat ein allgemein tragfähiges Modell? Wir haben gar nicht mehr genügend Flächen, um alle Dinge auszuprobieren!

Dirk Meyhöfer: Kann man das Stadthausmodell auch an Magistralen wie der benachbarten, aber stark belasteten Oberaltenallee/Hamburger Straße ausprobieren?

Hans-Peter Boltres: Wir haben in den Metropolen inzwischen eine solche Fragestellung: Wie kann man an diffusen Stadträumen der Ausfallstraßen Mehrwert für die stadträumliche Entwicklung generieren? Das ist aber eine ganz andere Frage. Ich bin dann dort für eine größere Dichte, also höheren Geschosswohnungsbau mit hybrider Nutzung. Und belebten Erdgeschosszonen.

Ingrid Spengler: Wir müssen noch radikaler denken, um wirtschaftlicher zu werden. Wir bauen zwölf Meter tief, in Japan liegt die Tiefe bei 20 Metern. Dort bauen sie dann noch ein Hinterhaus mit eigener Fassade zum Gartenatrium, das sich innen absenkt und nicht einsehbar ist. Eine sehr dicht bebaute Parzelle mitten in der Stadt. So klappt es auch mit dem Stadthaus an Magistralen! Wir brauchen Vielfalt in der Stadt und das Stadthaus ist ein wichtiger Teil des Spektrums, aber kein flächendeckendes Modell: vielleicht meiner Meinung nach für maximal zehn Prozent der Fälle geeignet.

Julian Hamperl: Die Wachstumssituation in den Metropolen führt seit geraumer Zeit dazu, dass eine Vielzahl großer Quartiere entwickelt werden muss, um diese Aufgabe zu bewältigen. Darunter leiden mitunter das Erscheinungsbild und die Lebendigkeit des Stadtbildes. Dass sich daraus aber die Maßgabe ableitet, dass mehrere Architekten sich entwurfstechnisch einen Block teilen, um nach außen Vielfalt zu suggerieren, stellt mitunter kein zwingend probates Mittel dar. Vielmehr wäre es manchmal wünschenswert, wenn sich die Branche wieder etwas entschleunigen könnte, um der Entwicklung solcher Quartiere mehr Zeit zu geben. Aber der Wunsch nach mehr Zeit bei Planung und Bau ist leider eine Illusion, denn die Lösung der Wohnungsprobleme drängt. Umso besser, dass es sich bei den upTownhouses um ein anderes Modell handelt – kleinteiliger und wertiger.

Timm Schönberg: Jeder Ort hat seine eigene Typologie und Erzählung. Auf solche Individualität wird in der Finkenau stark Rücksicht genommen. In der Gesamtstadt gibt es unterschiedliche Anforderungen. In der Neuen Mitte Altona oder der Hafencity ist ganz anderes als hier gefragt.

Tim Philipp Brendel: Und dann gibt es noch das Zeitthema: Wäre dieses Grundstück erst jetzt auf den Markt gekommen, gäbe es sicher auch hier mehrgeschossigen Wohnungsbau! Hamburg will jetzt jährlich 10.000 Wohnungen bauen. Das bedeutet ein enormes Zeitproblem für alle am Bau Beteiligten und eben, dass wir gar keine Zeit und Muße haben, uns jenseits der Standardlösungen, -formate und -materialien Gedanken um die Architekturqualität zu machen. Und allein deswegen kann es passieren, dass demnächst alle Wohnhäuser gleich aussehen.

Hans-Peter Boltres: Ja und nein. Solange es städtische Grundstücke sind, haben wir als Freie und Hansestadt Hamburg eine gewisse Verantwortung! Es gibt immer den Aspekt der Quartiersbildung und welche Zielgruppen sprechen wir an? Wer soll dort leben und wohnen? Für uns Planer entsteht dann die Frage, wie sieht es denn aus – für die nächsten 50 Jahre – und welche freiräumlichen Qualitäten hat das Viertel? Ich wäre sehr froh, wenn diese Fragestellungen besser fokussiert würden und wir wegkommen von dem reinen Zahlen-Controlling. Die Häuser stehen mindestens 50 Jahre. Wir haben eine Verantwortung gegenüber allen Menschen, die in 50 Jahren diese Häuser nutzen wollen. Wir sollten nicht ad absurdum immer höhere Dichten und Zahlen aufrufen! Und um auf die Finkenau zurückzukommen: So etwas gelingt immer dann, wenn die räumlichen Qualitäten stimmen. Und das ist dann ein Alleinstellungsmerkmal. Es gab immer wieder Tendenzen – auch hier – wegen der Dichte, das Konzept umzuwerfen und das gilt auch für die Ansätze, seriell zu bauen – aber wir sind uns treu geblieben!

Ingrid Spengler: Es gibt solche Überlegungen auf breiter Front und ich habe bereits von kompetenter Bauherrenseite gehört: Redet doch nicht immer nur von den Baukosten, sondern lieber von Instandhaltungskosten im Lebenszyklus eines Bauwerks.

Hans-Peter Boltres: In unseren Überlegungen stehen Kontinuität und Qualität im Mittelpunkt. Das ist der Schlüssel dafür, dass gute Stadt entstehen kann: Kontinuität in der Planung und Vermarktung. Das ist ja nicht überall der Fall. Wenn Sie die Finkenau mit einem anderen Projekt im Bezirk Hamburg-Nord, dem Stadtparkquartier, vergleichen, dann sehen wir dort die radikalen Auswirkungen der Finanzkrise mit einem dreimaligen Weiterverkauf. Man kann Stadtentwicklung nicht von sozialen und volkswirtschaftlichen Entwicklungen absetzen. Das müssen wir mitdenken und das Marktgeschehen im Blick haben. Was haben Menschen, die fürs Bauen Geld in die Hand nehmen, für Bedürfnisse und wie überzeugt man sie, das zu tun, was für die Stadt langfristig richtig ist? Und das ist hier dann vorbildlich gelungen. Weil ein lokaler Bauträger, wie die wph, Verantwortung lebt.

RESÜMEE UND ZUKUNFT

Dirk Meyhöfer: Das Experiment der sorgfältigen Nachverdichtung scheint zu gelingen. Wo liegen weitere Entwicklungspotenziale, was wünschen sich Entwickler, Planer und Architekten?

Ingrid Spengler: Ich wünsche mir eine Weiterentwicklung, also Stadthäuser, in die auch zwei Wohneinheiten hineinpassen. Dass man sie mit tieferen Grundrissen ausstattet, dass man vielleicht über die Bebauung der rückwärtigen Zone nachdenkt, so wie bei den englischen *mews*. Wir haben ja eine halbgeschossig versetzte Garage, wo die Pkw parken, sodass die Straße frei von Müll- und Nebenanlagen ist und der Straßenraum frei für den Menschen bleiben sollte. Mit attraktiven Hauseingängen und Freiräumen. Das sind gute Voraussetzungen für eine angenehme Wohnstraßenatmosphäre. Mehr ist es eigentlich nicht. Da steppt nicht der Bär, aber es ist einfach eine gute und gemütliche Straße. Und deswegen wünsche ich mir, dass die Anrainer das auch erkennen.

Tim Philipp Brendel: Prinzipiell denke ich ähnlich und ich wünsche mir mehr und mehr solcher Alternativen zum Massenwohnungsbau. Eigentlich wollen ja viele Hamburger so wohnen. Und wenn wir noch ein wenig daran arbeiten, wird es für noch mehr Interessenten bezahlbar.

Hans-Peter Boltres: Ich wünsche mir, dass die erzielte Vielfalt über Altenwohnen, Geschosswohnen, Baugruppen bis zum High-end der upTownhouses als ein wesentliches Merkmal der nachhaltigen Stadt des 21. Jahrhunderts begriffen wird.

Ole Klünder: Ich schließe mich an und hoffe, dass dieses Thema der Durchmischung, das in Hamburg zur Zeit sehr hoch gehandelt wird, zusammen mit den Kopfbauten der Baugenossenschaft FLUWOG NORDMARK eG und eben unseren upTownhouses aufgeht und honoriert wird. Aus der Sicht der Projektentwicklung gesehen, funktioniert wirtschaftliches Bauen zwar anders, aber wir sind auf dem richtigen Weg, dass sich auch solche Projekte nachhaltig als wegweisend darstellen!

MAKING OF **upTOWN**HOUSES

MITWIRKENDE:

Hans-Peter Boltres Leiter der Stadt- und Landschaftsplanung im Bezirk Hamburg Nord, am Projekt beteiligt seit 2004

Nikolaus Ditting Geschäftsführer der ausführenden Baufirma Richard Ditting GmbH & Co. KG

Dirk Meyhöfer Autor und Architekturkritiker

Tim Philipp Brendel Baumschlager Eberle Architekten, Hamburg

Julian Hamperl PLANWERKEINS ARCHITEKTEN PartGmbB, Hamburg, Ausführungsplanung

Ingrid Spengler Spengler Wiescholek Architekten Stadtplaner, Hamburg

Jens Clasen Geschäftsführer der ICON-Immobilien GmbH, Vermarkter der upTownhouses und Vertriebspartner der wph

Ole Klünder und Simon Vollmer Geschäftsführer der wph Wohnbau und Projektentwicklung Hamburg GmbH, Investor

Timm Schönberg KRAUS SCHÖNBERG Architekten, Hamburg und Konstanz

upTOWNHOUSES
ARCHITEKTURKRITIK

Im Frühsommer 2017 sind die meisten der 26 upTownhouses fertiggestellt, einige Häuser bereits bezogen und die Außenanlagen mit heute üblicher Schnelligkeit zur raschen Blüte gebracht. Ein erstes Resümee aus architektonischer Sicht und die Einordnung in die heute weit angelegte Diskussion um den wiederentdeckten Stadthaustypus sind jetzt möglich. Die Rolle des Gastkritikers übernimmt der Publizist, Stadtforscher und Denkmalpfleger Jörg Seifert.

„SCHWEBEN ZWISCHEN FREIHEIT UND BINDUNG"

Das Spektrum an prominenten Referenzen reicht historisch betrachtet vom Amsterdamer Beginenhof, der Wohnanlage einer katholischen Gemeinschaft aus dem 14. Jahrhundert, bis zu den Luxuswohnungen in Berlin-Mitte, die dort ab 2005 zwischen Friedrichwerderscher Kirche und Auswärtigem Amt entstanden sind. Mit beiden verbindet das Ensemble auf der Finkenau die Idee von ausgeklügelten Reihenhaustypen in innerstädtischer Lage.

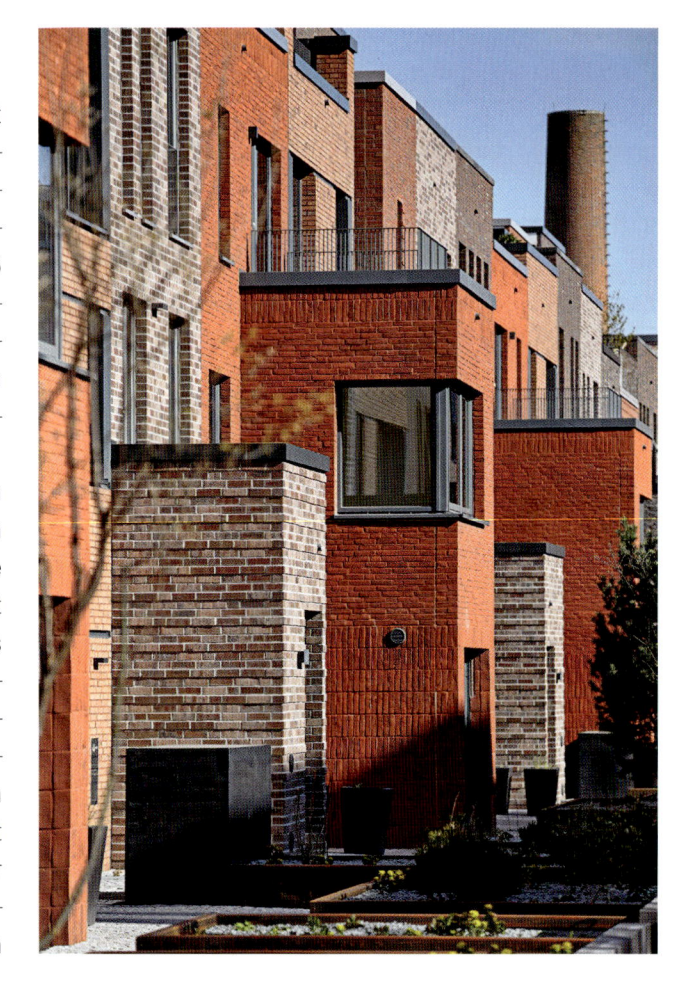

Konkretere Bezüge zur Bautradition ergeben sich für die upTownhouses im lokalen und regionalen Kontext und sind schon beim ersten Blick auf die straßenseitigen Fassaden unübersehbar. Es ist nicht allein das Material des roten Backsteins, das hier in Variationen von Orange- bis Braunrot Verwendung fand, sondern auch die rhythmische Modulation der Baumassen erinnert an die städtebaulichen Gestaltungsprinzipien der Wohnanlagen im Hamburg der 1920er Jahre. Die Häuser haben nicht die gewohnt monotone Uniformität suburbaner Reihenhaussiedlungen mit ihren endlosen Wiederholungen ein und desselben Haustyps. Sie haben aber auch nichts vom chaotisch-bunten Durcheinander von Materialien, Stilen, Farben und Fassadenteilungen, wie sie die Beispiele in Berlin-Mitte aufweisen – oder auch schon die postmoderne Frankfurter Saalgasse aus den frühen 1980er Jahren. Vielmehr gelingt es hier, durch Varianz innerhalb eines gesetzten Rahmens klare Adressen auszubilden, ohne dass die Häuserzeile als Gesamtheit auseinanderfällt. Das Ergebnis macht das Zusammenspiel von mehreren Privatarchitekten und städtischen Planern von Behörden des Senats und des Bezirkes Nord sichtbar. Es erinnert an Fritz Schumachers Anspruch, individuelle Architektenhandschriften als Städtebauer „zu lenken, ohne zu fesseln", um einen Zustand des „Schwebens zwischen Freiheit und Bindung" zu erreichen.

INTIMITÄT UND INTROVERTIERTHEIT

Spannung zwischen Homogenität und Varianz – dieses Prinzip lässt sich auch an der Freiflächengestaltung der Vorgartenzonen ablesen. Hier haben sich die Landschaftsarchitekten für ein modulares System entschieden, das den Bewohnern die Möglichkeit bietet, mit der Bepflanzung individuelle Akzente innerhalb eines vorgegebenen Rahmens zu setzen. Anders bei den neutral gehaltenen rückwärtigen Freiflächen. Hier – auf dem eigenen kleinen Gartengrundstück – soll vieles möglich werden: Heim-Fußballwiese, Stil-, Zier- oder Nutzgarten, Refugium oder Grillpartyplatz.
Weder Vorder- noch Rückseiten der Häuser setzen auf Individualität durch Introvertiertheit. Abschottung oder Schutz vor Einblicken sind hier nicht das Prinzip. Keine Sichtmauern begrenzen die kleinen Gärten – wie etwa in der renommierten Schweizer Reihenhaussiedlung Halen bei Bern aus den 1950er Jahren. Und es sind keine geschlossenen Hofhaustypen wie bei der vielbeachteten Stadterweiterung auf den Amsterdamer Docks Borneo und Sporenburg aus den 1990er Jahren, die den ungestörten Rückzug über alles stellen.
Mit raumhohen Fenstern, vergleichsweise transparenten Balkonbrüstungen und den Möglichkeiten

für Ein- und Ausblicke zu den seitlichen wie gegenüberliegenden Nachbarn richten sich die Hamburger upTownhouses an eine klar städtisch sozialisierte Bewohnerschaft. An Lebensstilgruppen also, die – vielleicht schon erprobt im gründerzeitlichen Schlitzbau – einen offenen, toleranten Lebensstil schätzen, nachbarschaftliche Begegnung und zugleich Intimität zulassen, weil sie weder Zeit noch Lust haben, dem Gegenüber das Sorbet vom Kaffeetisch zu starren. Leben und leben lassen, mit einer gesunden Balance aus Abstand und lockerer Zusammengehörigkeit, aus hanseatisch-weltmännischer Offenheit und großstädtischer Blasiertheit, ganz im Sinne des Philosophen Georg Simmel. Unvollständige Integration als Ausdruck städtischer Lebensweise nannte das der Soziologe Hans Paul Bahrdt. Kinder lernen dies hier unbewusst im Alltag kennen – weil sie die Laissez-faire-Vereinbarung, ohne die das Mit- und Nebeneinander hier nicht funktioniert, von den Erwachsenen vorgelebt bekommen. Zudem können sie sich von Balkon zu Balkon, von Kinderzimmer zu Kinderzimmer spontan verabreden und haben damit ein hohes Maß an Unabhängigkeit bei hinreichender sozialer Kontrolle durch das Wohnumfeld.

GROSS UND KOMPAKT, VERTIKAL UND ZONIERT: ZEILE DER VIELFALT

In Bezug auf Wohnungsgrößen, Raumorganisation und Grundrisse variieren die Häuser zwischen den viergeschossigen Typen von Spengler Wiescholek mit einer Hausbreite deutlich unter fünf Metern und knapp 150 Quadratmetern Gesamtfläche sowie denen von Kraus Schönberg mit fast 220 Quadratmetern bei einer Hausbreite von knapp sechs Metern. Letztere erreichen im Inneren eine Großzügigkeit durch eine hallenartig überhöhte Kombination aus Küche und Esszimmer und durch ein zentral angelegtes, quer eingestelltes Treppenhaus mit transparenter Brüstung, das die insgesamt sechs Ebenen durch Split-Levels über alle Geschosse hinweg miteinander verbindet. Auch Spengler Wiescholek arbeiten mit einem Split-Level-Versatz. Dadurch gewinnt das Wohnzimmer zusätzliche Raumhöhe, während Kochen und Essen auf einer darüber befindlichen Galerie angeordnet sind.

Eines der Häuser von Tchoban Voss Architekten ist ähnlich organisiert. Auch hier wird ein Split-Level eingesetzt, wodurch ebenfalls das Wohnzimmer etwas höher ausfällt und die Küche ein halbes Geschoss darüber angeordnet ist. Die Häuser von Tchoban Voss – ein weiterer, nur dreigeschossiger Typus verzichtet auf Split-Levels – verfügen über 175 bis 180 Quadratmeter bei knapp sechs Metern Hausbreite. Heitmann Montúfar Architekten haben ihre Häuser mit einer Breite unter fünf Metern und knapp 190 Quadratmetern kompakt auf vier Ebenen organisiert und über eine seitlich angeordnete, einläufige Treppe erschlossen. LA'KET Architekten bieten einen vergleichbaren Typus an. Er fällt ein wenig breiter aus und verfügt über gut fünf Quadratmeter mehr Fläche, hat allerdings Küche und Esszimmer im ersten Obergeschoss angeordnet. Dadurch könnte das Wohnzimmer im Erdgeschoss auch zum Büro mit Kundenverkehr umgenutzt werden. Wie Kraus Schönberg sehen LA'KET eine zusätzliche ebenerdige Garage vor, die dann gegebenenfalls auch dem Gewerberaum zugeschlagen werden könnte. Die Häuser von Baumschlager Eberle Architekten weisen etwa dieselben Größen auf wie jene von Heitmann Montúfar, die einläufige Treppe ist hier allerdings von der Außenwand abgerückt und gliedert somit den Raum.

In einem gewissen Rahmen lassen sich alle Haustypen an geänderte Bedürfnisse und Situationen anpassen. Individualräume in den oberen Geschossen lassen sich tauschen, teilen oder zusammenlegen. Und wie bereits angedeutet, ist zum Teil auch die Verbindung von Wohnen und Arbeiten denkbar. An ihre Grenzen stoßen dürften die Typen aber beim Thema Mehrgenerationenwohnen. Barrierefrei sind die Häuser nicht. Aufzüge wurden ob ihres Aufwands verworfen.

BAUEN FÜR LEUTE VON HEUTE

Vermutlich werden die Häuser für einen Teil der Bewohner auch nur Domizil für eine bestimmte Lebensphase bleiben – was völlig legitim wäre. Insgesamt scheinen die Häuser passend für die Zielgruppe geplant und zugeschnitten zu sein. Der erfolgreiche Existenzgründer wie auch eine gewisse Dienstleistungsprominenz können hier auf den großen Flächen wohnen und arbeiten. Natürlich könnten Wohnungsforscher und Architekturkritiker mehr Innovation fordern, was die Grundrissoriginalität betrifft. Aber warum? Die Wohnungen der ersten Gründerzeit vor 100 Jahren bestechen durch Klarheit und ihre Nutzungsneutralität. Ähnliches gilt auch hier. Städtisches Wohnen hoher Qualität ergibt sich aus dem Zusammenleben und dem Umfeld. Und die stimmen hier!

IN DIE ZUKUNFT
GESCHAUT

DIE upTOWNHOUSES UND DIE FINKENAU IM JAHR 2028

VON WALTER FRITZ[1]

Ein Blick in die Zukunft ist verführerisch, oft aber auch zweifelhaft, niemals eindeutig. Es sei denn, man verfügt über seherische und andere okkulte Fähigkeiten. Beispielsweise über die Möglichkeit, 2027 abgespeicherte Dokumente heute schon abrufen zu können. Wir haben es versucht – obwohl diese Methode genauso sicher ist wie die Sache mit der Glaskugel. Wir sind erfolgreich gewesen und gehen allerdings von einer klitzekleinen Voraussetzung aus: Im Jahr 2028 erinnert aus gegebenem Anlass der Publizist und Professor Dr. Walter Fritz in seinem Blog „Die wahre Architektur-Geschichte" an die Gründung der Hamburg-Bau im Jahr 1978 (siehe auch Seite 34 f. in diesem Band). Die damals errichteten Häuser, die immer noch bewohnt sind, gelten als Beginn der Renaissance des Hamburger Stadthauses. Wenn in den späten 2020er Jahren Stadthausquartiere das Hamburger Weichbild wie ein rotgrüner Teppich überlagern, dann ist das einem gewaltigen Entwicklungsschub zu verdanken, den Hamburg zu Beginn der 2020er Jahre gemacht hat – nein, nicht bei Einwohnerzahlen oder Containereinheiten, sondern im Denken. Nach den endlosen Debatten um die Elbvertiefung und einer breit angelegten „Wutbürger"-Initiative – „Die HafenCity ist keine Heimat für uns!" – besann sich Hamburg – weniger auf seine Tradition als Hafenstadt denn auf jene des liberalen Nachdenkens über sich selbst. Eine dieser „freidenkerischen" Leistungen: Fritz Schumachers Ansatz der sozialdemokratischen „Wohnstadt" der 1920er Jahre als „Modell 4.0" in den 2020er Jahren fortzusetzen, dessen Schlüsselwort „Stadt für alle" heißt. Weil sich in der Folge die Freie und Hansestadt auf das einzig sinnvoll wirkende Stadtentwicklungskonzept von der „grünen moderat wachsenden gerechten Metropole" konzentriert, ändert sich das Stadtbild und die nachhaltige Konzeption der Planung. Professor Dr. Walter Fritz, der seit 2025 Präsident der kreativen Zukunftsuniversität Finkenau (ZUF) ist, schreibt in seinem Blogeintrag vom 1. Juni 2028:

MAKING OF **upTOWN**HOUSES

[FIKTIVER BLOG AUS DEM JAHR 2028]

„Wenn ich aus meinem altehrwürdigen Büro des Hauptgebäudes meiner Universität im 100-jährigen Krankenhausbau des großen Fritz blicke, schaue ich auf ein Hamburg – wie es mir gefällt! Junge Leute, die den freien Look der Post Nerds tragen (Dresscode war gestern!) mischen sich nun mit allen anderen Typen: vom Stadtindianer bis zum Goldknöpfchen im blauen Blazer. Hallo, Freunde der gefühlt „richtigsten" Stadt der Welt – wow! Wer hätte das gedacht!

Mir fielen im Zuge der Recherche so einige Shitstorms aus dem Jahre 2017 auf den Schirm, die man als ‚Finkenau bashing' bezeichnen möchte. Gegen ‚the rich and the rich kid' – wie auch immer. Aber dann kam es eben ganz anders, wie die Fassaden der upTownhouses signalisieren: Das Quartier war von Anfang an bunt. Zusammen mit öffentlichen Einrichtungen, den Baugruppenhäusern der Kreativen und den ‚Inklusiv-Wohnungen' der Architektin Huke Schubert wurden diese upTownhouses bald zum Impulsgeber für die dichte Packung Finkenau. Ja – die Stadt änderte sich gewaltig. Nach dem jähen Nein zur Olympiabewerbung und dem übertriebenen Hype um die „Elphi" folgte bald die Normalisierung, regierte wieder Vernunft in der Bürgerstadt. Zwar wurde noch eine Zeitlang eine Hochhausdebatte geführt. Aber niemand will so wohnen und arbeiten. Und als hätte es noch eines letzten Beweises bedurft: Der Elbtower führte sich selbst ad absurdum. Niemand brauchte ihn und als Zeichen der Stärke, wie einige alte Investoren im Wettbewerb mit Frankfurt, München und Berlin glaubten, ist er ein Versager: Eine lebendige, soziale Stadt äußert sich mit ihren Parks, ihrem sozialen Gewissen

und der Lebensqualität: als Stadt für alle! Wie das Finkenau-Quartier!

Nach den radikalen Veränderungen der Weltwarenströme und der qualitativen Veränderung von Großhäfen nach dem Motto „Klein, aber spitze" fiel endlich die entscheidende Bastion: Hamburg war nicht länger ein Hafen mit Stadt, sondern eine moderne Dienstleistungs- und Hafenstadt.

Und das führt mich zu meinen Erinnerungen vom Ende der 2010er Jahre: Die europäischen Länder haben ihren Grundauftrag wiederentdeckt, der da hieß: Europa als Europa der gleichgestellten Regionen. Und auch die Bundesrepublik nahm wieder den Grundgesetzauftrag ernst, gleiche Lebensbedingungen in all ihren Teilen zu garantieren. Die einstmals boomteuren Wohnungen in den nachverdichteten Bezirken der Metropolen wurden zu Ladenhütern, dort, wo sie nicht mehr für die Mehrheit der Bevölkerung finanzierbar waren. Es wurde rasch deutlich, dass der Stadt-/Landgegensatz sich aufgrund des demografischen Wandels und einer flächendeckenden neuen Verkehrsinfrastruktur grundsätzlich veränderte.

Ein Ende der lange gewohnten Landflucht setzte ein, Städte mussten nicht mehr gegen alle Vernunft nachverdichtet werden, sondern der alte Spruch von der Stadtluft, die frei macht beziehungsweise zum Atmen auffordert, bekam neuen Sinn. So auch das Wohnen als Lebensaussage, als Heimat, als lokale Mitte in einer auseinanderdriftenden globalen Welt. Die Finkenau wurde zu einem Dorf mitten in der Stadt!

Wir wissen: ‚Architektur insgesamt ist und bleibt ein Produktionsversuch menschlicher Heimat – vom gesetzten Wohnzweck bis zur Erscheinung einer schöneren Welt in Proportion und Ornament.' Das hatte Ernst Bloch in seinem Prinzip Hoffnung schon 1985 geschrieben. Was Bloch ausdrückte, wurde im neuen Stadtquartier Finkenau – erst unerwartet, dann einer zielgerechten Logik folgend – zum Erfolgskonzept der neuen Stadt des 21. Jahrhunderts. Nach dem Motto: Die Mischung macht es!

Und die Erkenntnis, dass Heimat und Heim sich im 20. Jahrhundert in der Idee vom Eigen-Heim manifestiert hatten. Der überwiegende Teil der Bevölkerung wünschte es sich, nicht nur aus ökonomischen Gründen, sondern aus dem Streben nach Unabhängigkeit von rigiden Hausordnungen, teuren Mietverträgen und ungewollten Nachbarn. Es ging um ‚Verfügungsrecht', wie der Soziologe Peter Gleichmann schon 1979 verkündete.

Wie müssen Stadt und Land gestaltet sein, um für die Menschen Heimat im 21. Jahrhundert sein zu können? Die industrielle, bürgerliche Stadt ist inzwischen 200 bis 250 Jahre alt. Hier hatte sich mit der Zeit eine Trennung nicht nur der Funktionen und Flächennutzungen, sondern auch der sozialen Gruppen eingestellt. Trotzdem gab es schon im 20. Jahrhundert Wohnstrukturen, die für bestimmte soziale Gruppen zur Heimat wurden, weil sie in ihren Bezügen zu Mitbewohnern, Nachbarn und Quartiersausstattung stimmten, obwohl sie nicht den Normvorstellungen von intakter Baustruktur und Wohnungsgröße entsprachen. Das waren beispielsweise die Hamburger Terrassenhäuser [vgl. Seite 32 ff. in diesem Buch] im späten 19. Jahrhundert, die als eine verdichtete und trotzdem offene Struktur jenseits der krankheitsfördernden Altstadt zu vorbildlichen Arbeiterquartieren wurden. Oder auch die klug durchdachten Blöcke der Schumacher-Ära. Aber die typische Stadtwohnung hat sich seit einigen Jahrzehnten stark verändert, genauer: seit wir über hybride Einheiten reden. Hybridität hat zu tun mit Nutzungsmischungen, in den Häusern und im Quartier. Und die Finkenau erfüllt genau diesen Anspruch: Mit dem Mix der Kultur- und Arbeitsangebote und beim Wohnen gelingt es, die ganze Gesellschaft abzuholen. Einer Leistungsgesellschaft ist nicht immer ganz einfach zu erklären, warum die einstigen Vorzugsadressen der Stadt heute für alle zu öffnen sind. Sicherlich hat sich dabei das sensationell eingeschlagene Partizipationsprogramm UTE (Urban Tolerance Education) der ZUF besonders bewährt. Denn eines wurde deutlich: Die Bewohner der nachverdichteten und gerechten Stadt in einer neuen multikulturellen Gesellschaft, so wie sie sich seit zehn Jahren entwickelt, müssen dieses neue Miteinander lernen. In der Finkenau haben sie dies vorbildlich verstanden. Als Beweis dient heute, zehn Jahre nach der Fertigstellung, der bunte und durchgrünte Straßenraum des Dorothea-Bernstein-Wegs: ganz zu meiner Freude und der der Finkenaubewohner und -besucher!"

ANMERKUNG VON HERAUSGEBERN UND AUTOREN DIESES BUCHS:

Wir wissen nicht, ob diese Zukunftsskizze von Walter Fritz für die Finkenau zutrifft – wir wissen nur eines: Das Quartier rund um die ehemalige Frauenklinik Finkenau wird Stadtgeschichte für ein vitales gemeinschaftliches City-Quartier des 21. Jahrhunderts schreiben!

ANMERKUNGEN

1 Prof. Dr. Walter Fritz, geboren 1969 in Bremen, ist Hamburgs führender Stadtforscher und Architekturliterat der 2020er Jahre. Master of the Universe, Studiengang Astrophysik an der Universität Hamburg und Master of Arts, Studiengang Kultur der Metropole (HCU).

LITERATUR (in Auswahl)

Cramer, Johannes/ Gutschow, Niels (Hg.): *Das Bremer Haus – Geschichte, Programm, Wettbewerb.* Bremen 1982

Hamburg und seine Bauten:
- 1890–1914. 2 Bde., Hamburg 1914
- 1918–1929, Hamburg 1929
- 1929–1953, Hamburg 1953
- 1954–1968, Hamburg 1969
- 1969–1984, Hamburg 1984
- 1985–2000, Hamburg 1999
- 2000–2015, Hamburg 2015

Eisinger, Angelus/ Seifert, Jörg (Hg.): *Urban Reset, Freilegen immanenter Potenziale städtischer Räume.* Basel 2012

Hipp, Hermann: *Freie und Hansestadt Hamburg. Geschichte, Kultur und Stadtbaukunst an Elbe und Alster.* Köln 1989
– „Die Speicher in Hamburg". In: *Hamburger Architekturjahrbuch 1989.* Hamburg 1989

Huke-Schubert, Beata: *Wohnen morgen – Wohnungsbau in den 90er Jahren.* Darmstadt 1990

Laage, Gerhart: *Das Stadthaus. Mehr als eine Bauform. Chancen, Forderungen, Konzepte im Wohnungs- und Städtebau.* Stuttgart 1979

Meyhöfer, Dirk: *Hamburg. Der Architekturführer.* 2. Aufl. Berlin 2009
– *Hamburgs Backstein.* Hamburg 1986
– *Ungewöhnlich Wohnen: Bremer Perspektiven.* Berlin 2012

Meyhöfer, Dirk mit Franziska Gevert: *Reclams Städteführer Hamburg: Architektur und Kunst.* Hamburg, Stuttgart 2015

Meyhöfer, Dirk / Schwarz, Ullrich (Hg.): *Architektur in Hamburg Jahrbücher, 1989–2013.*

Plagemann, Volker: *Kunstgeschichte der Stadt Hamburg.* Hamburg 1995

Schumacher, Fritz: *Das Werden einer Wohnstadt – Bilder aus dem neuen Hamburg.* Hamburg 1984 (Reprint).
– *Wie das Kunstwerk nach dem Großen Brande entstand.* Hamburg 1969 (Reprint)

BILDNACHWEIS

Markus Dorfmüller/ Johanna Klier, Architekturfotografie:
Seiten 24–27, 51, 58, 59, 61, 65, 69, 71, 74, 78–79, 81, 88, 91, 98–99, 101, 108, 111, 119, 121, 165 (Porträts Brendel, Hamperl, Spengler, Schönberg)

Rolf Otzipka Fotografie/ wph; Projektdokumentation:
Seiten 40/41, 68, 89, 109, 118–119 rechts, 125–137, 139, 140–156, 166–167

Hamburgisches Architekturarchiv:
Seiten 11, 20, 22 (obere Reihe), 31, 33, 35, 36, 37 (oben), 38 (unten), 39

Behörde für Stadtentwicklung und Wohnen:
Seiten 7, 42, 45, 46 (oben)

Dirk Meyhöfer:
Seiten 17, 18, 22 (Reihe 2–4), 37 (unten), 38 (oben), 73 (oben)

Luftaufnahmen: Falcon Crest Air www.falconcrest.com
Seiten 14/15, 29, 30, 43, 171

Die Rechte für Zeichnungen und Bilder in TEIL II Die Architekten (Seiten 48–123) liegen, wenn nicht anders angegeben, bei den jeweiligen Architekten; die Rechte für die Seiten 140–157 liegen bei PLANWERKEINS ARCHITEKTEN PartGmbB.

Andere
Renderings Seite 46, 47: wph
Porträt Boltres Seite 165: © Carsten Brügmann
Porträt Clasen Seite 165: © ICON IMMOBILIEN GmbH
Porträt Ditting Seite 165: Richard Ditting © Richard Ditting GmbH & Co. KG
Porträt Klünder und Vollmer sowie Meyhöfer Seite 165: © wph
Innenaufnahmen Musterhaus Seite 138: RIVERMEDIA WERBEKONTOR UG

IMPRESSUM

© 2017 by jovis Verlag GmbH
Das Copyright für die Texte liegt bei den AutorInnen.
Das Copyright für die Abbildungen liegt bei den FotografInnen/InhaberInnen der Bildrechte.

Alle Rechte vorbehalten.

Ein Buch von Dirk Meyhöfer
Herausgegeben von Ole Klünder und Simon Vollmer
Redaktion: Elena Fedor (wph)
Autoren: Dirk Meyhöfer, Carmen Korn, Jörg Seifert, Prof. Jörn Walter, Dr. Dorothee Stapelfeldt
Fotografie: Johanna Klier, Marcus Dorfmüller, Rolf Otzipka, RIVERMEDIA WERBEKONTOR UG, Luftaufnahmen: Falcon Crest Air
www.falconcrest.com

Umschlagmotiv: Rolf Otzipka Fotografie
www.otzipka.de

Gestaltungskonzept: Angela Kühn
Korrektorat: Simone Hübener
Lithografie: Bild1Druck, Berlin
Gedruckt in der Europäischen Union

Bibliografische Information der Deutschen Nationalbibliothek
Die Deutsche Nationalbibliothek verzeichnet diese Publikation in der Deutschen Nationalbibliografie; detaillierte bibliografische Daten sind im Internet über http://dnb.d-nb.de abrufbar.

jovis Verlag GmbH
Kurfürstenstraße 15/16
10785 Berlin

www.jovis.de

jovis-Bücher sind weltweit im ausgewählten Buchhandel erhältlich. Informationen zu unserem internationalen Vertrieb erhalten Sie von Ihrem Buchhändler oder unter www.jovis.de.

ISBN 978-3-86859-470-6